EY
Building a better
working world

図解
はじめての
事業分離・売却

EYストラテジー・アンド・コンサルティング株式会社 ————— 編

中央経済社

は じ め に

　EYでは「企業のダイベストメントに関する意識調査」を毎年グローバルで実施しており，企業・事業の分離・売却の動向を確認し情報提供しています。多くの企業がポートフォリオや戦略の見直しを積極的に行い，企業・事業の分離・売却により次なる成長の機会を獲得しています。一方で，全体のポートフォリオの中に低収益事業や不採算製品・サービスを長く抱えたままでいることは，リソースや資本の効率化を抑制する結果になり，成長どころか停滞を招く危険が高まります。

　こうした課題を内包していた企業にとっては，コロナ禍によるビジネス環境の変化で，これまで以上に厳しい資本配分の意思決定を迫られています。地政学上のリスクに加え，公衆衛生上のリスクであるパンデミックの猛威により，企業・事業の分離・売却（ダイベストメント）は一層，加速しています。

　本書は「図解はじめての企業買収」の姉妹本としてこの度，発行致しました。「はじめての企業買収」は買い手の立場からの解説でしたが，本書は，企業や事業の分離・売却を行う売り手の立場から解説しています。実務の観点から，全体をイメージしていただけるように，実際に検討・業務に携わる方々が，分離・売却の手続きで直面する局面ごとにテーマを設定し，一般的な手続きの順に解説しています。

　第1章では，企業・事業の分離・売却について概要をわかりやすく説明し，続く第2章では，分離・売却手続きの全体像や意味などを解説しています。

　第3章以降では，一般的な手続きの順に，「分離・売却戦略／価値創造」「構想・計画」「実行」「分離・売却後」のそれぞれの段階ごとに章を設け，解説しました。

　各テーマは見開き2ページまたは4ページで，右側ページの図表の解説を中

心に，わかりやすく簡潔に紹介しています。最初から最後まで読み通していただければ，企業や事業の分離・売却という再編業務について，基礎的かつ全般的な理解が得られます。また，興味が湧かれた段階やテーマから読んでいただいても理解を進められます。

　本書が，読者皆様の企業や事業の分離・売却という再編業務の理解を深め，また実務のお役に立てることができれば，筆者一同，幸甚です。

　最後に，中央経済社の末永 芳奈氏には，弊社の執筆作業をサポートいただき，上梓することができました。紙面をお借りしてお礼申し上げます。

　2021年7月
　　　　　　　EYストラテジー・アンド・コンサルティング株式会社

目　次

第4章：構想・計画への展開 ―――――――――*49*

全体の流れ

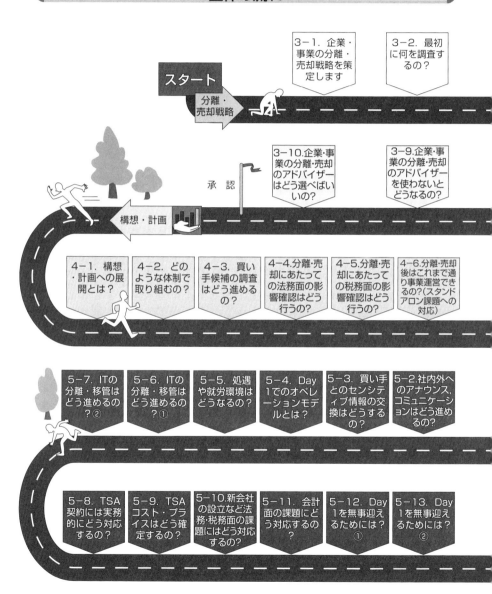

スタート

分離・売却戦略

3-1. 企業・事業の分離・売却戦略を策定します

3-2. 最初に何を調査するの?

承認

構想・計画

3-10.企業・事業の分離・売却のアドバイザーはどう選べばいいの?

3-9.企業・事業の分離・売却のアドバイザーを使わないとどうなるの?

4-1. 構想・計画への展開とは?

4-2. どのような体制で取り組むの?

4-3. 買い手候補の調査はどう進めるの?

4-4.分離・売却にあたっての法務面の影響確認はどう行うの?

4-5.分離・売却にあたっての税務面の影響確認はどう行うの?

4-6.分離・売却後はこれまで通り事業運営できるの?(スタンドアロン課題への対応)

5-7. ITの分離・移管はどう進めるの?②

5-6. ITの分離・移管はどう進めるの?①

5-5. 処遇や就労環境はどうなるの?

5-4. Day1でのオペレーションモデルとは?

5-3. 買い手とのセンシティブ情報の交換はどうするの?

5-2.社内外へのアナウンス,コミュニケーションはどう進めるの?

5-8. TSA契約には実務的にどう対応するの?

5-9. TSAコスト・プライスはどう確定するの?

5-10.新会社の設立など法務・税務面の課題にはどう対応するの?

5-11. 会計面の課題にどう対応するの?

5-12. Day1を無事迎えるためには?①

5-13. Day1を無事迎えるためには?②

3−3．分離・売却後の姿を描きます

3−4．分離・売却後の価値を試算します

3−5．分離・売却にあたってストーリーを描きます

価値創造

3−8．企業・事業の分離・売却の外部アドバイザーとは？

3−7.独占禁止法以外に当局から分離・売却を止められてしまう場合はある？

3−6.分離・売却にあたっての影響要素とは？独占禁止法について確認します

4−7．人事面のスタンドアロン課題にはどう対応したらいいの？

4−8．不利益変更を伴う従業員移管で気を付けるべきことは？

4−9．ITシステムのスタンドアロン課題にはどう対応するの？

4−10．分離・売却後の財務諸表とは？

4−11．分離・売却後の財務諸表（スタンドアロンコストの試算）

4−12．分離・売却を見据えた事業計画をどう作成するの？

5−1．分離・売却の実行とは？

契約締結／開示

4−16．最終契約締結へはどう進めるの？

4−15．買い手候補とのやりとりとは？

4−14．買い手候補にどうアプローチするの？

4−13．売却プロセスの準備はどう進めるの？

実 行

クロージング

分離・売却後

6−1．完全移行に向けて（TSA終了まで）の対応とは？

6−2．残存する事業・組織・人への対応とは？

7−1．プロジェクトのクローズを行います

7−2．次に活かすには？

ゴール

第 1 章

企業・事業の分離・売却って何？

分離・売却には複数のパターンがある

　企業・事業の分離・売却には，複数のパターンがあります。大別すると，「企業ごと売却する」パターンと，「一事業を分離し，売却する」パターンに分けられます。

　前者は企業グループからグループ子会社を分離し，第三者へ売却するパターンです。このパターンはさらに，買い手に株式を100%譲渡する形で完全売却する形態と，合弁（Joint Venture：JV）の形で資本関係を継続する形態に分けられます。事業や地域からの撤退の場合は完全売却を，得意先への供給責任の対応や業務移管に一定期間を必要とする場合などは合弁が選択されます。

　「一事業を分離し，売却する」後者のパターンは「カーブアウト」と呼ばれます。これにはカーブアウトされた事業を買い手に売却する形態，切り出した事業を基に新会社を設立する形態，合弁会社とする形態，さらには株式公開（IPO）をすることもあります。カーブアウトの場合は，どのような形態で実行するかだけでなく，事業のどこまでを分離・売却の対象とするかの対象範囲も重要なポイントです。

　両パターンとも分離後の事業運営をいかに支障なく継続させるかがポイントとなります。企業ごと売却する場合は，企業グループから分離されることで，それまで受けていたグループからの機能・サービスが受けられなくなります。カーブアウトの場合もカーブアウト前に本社から提供を受けていた人事や経理，システム関連などの機能は引き継がれません。これらのサービスが急に提供されなくなると，企業・事業の運営・業務に支障が出てしまいます。したがって，分離のパターン・形態とともに，一定の期間，分離会社をサポートするなどの対応を併せて検討することが重要になってきます。分離・売却で終わりではなく，分離直後から分離会社へのサポートが終了する完全な分離までの対応が求められるのです。

分離・売却には複数のパターンがある

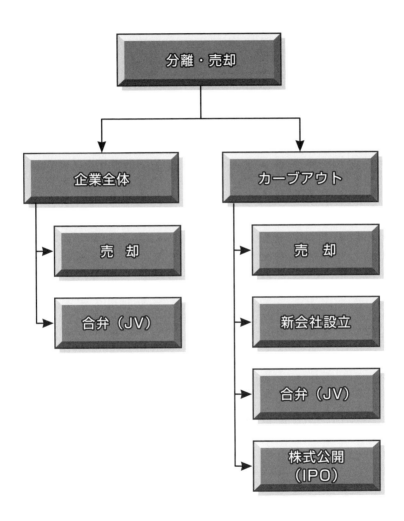

実際に企業・事業の分離・売却を行う際には，スキームという観点からパターン分けを行い，スキームを選択して案件を進めることになります。

「企業ごと売却する」パターンに該当するスキームとしては，①株式譲渡，②第三者割当増資があり，「一事業を分離し，売却する」パターンとしては，③事業譲渡，④会社分割がオプションとして挙げられます。

それぞれの概要は以下の通りとなります。

＜企業全体＞

①株式譲渡

売却の対象となる企業の株式の全部ないし一部を売却し，その株式の対価を受け取るスキーム。

②第三者割当増資

買い手が対象となる企業の新株・自社株式を引き受け，引き受け後の保有株式議決権が過半数超えとなるようにし，支配権を移転するスキーム。このスキームの場合，既存株主への対価はなく，発行株式の対価は対象企業が受け取ります。

＜カーブアウト＞

③事業譲渡

対象の事業に関する債権・債務や資産・負債を売却の対象とし，対象企業がその対価を受け取るスキームで，対象企業の株式の売却は対象とはなりません。

④会社の一部を新会社として切り出し，切り出された新会社の株式を買い手に売却し，対象企業がその対価を受け取るスキーム。

これらのスキームの選択によって，税務上のコストや労働契約の承継の取扱いの差異が発生するため，案件ごとにどのスキームを選択するのが最適であるのかを後述の構想・計画フェーズでアセスメントし，方針を決定することが重要になります。

分離・売却のスキーム例

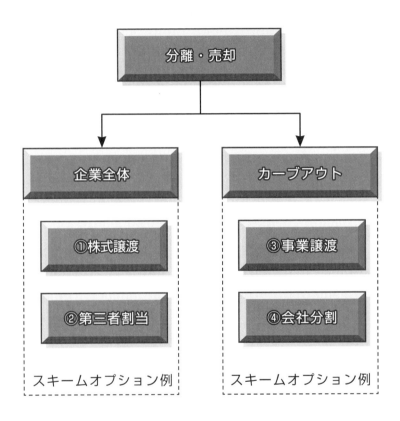

1-❷ どうして企業・事業の分離・売却をするの？

 収益性の低い事業・ノンコア事業の売却は待ったなし！ 外部環境の不確実性やガバナンスの構造改革への対応

　収益性の低い事業，今後の展開が見込みにくい事業，あるいは成長戦略から外れているノンコア事業の分離・売却が急速に増えています。伝統的な日本の重厚長大産業の企業グループをはじめ，多くの企業で事業のポートフォリオを組み換え，事業構造改革に着手しています。

　背景には，公衆衛生上のリスクであるコロナ禍でマクロ経済，景況感など外部環境の不安定性，米中間や欧州の Brexit などの地政学的なリスク増大と一部の顕在化による不確実性が著しく増大しており，赤字や収益改善半ばの海外子会社などではリストラクチャリングが待ったなしの状況があります。

　また，外部取締役・監査役の導入によるガバナンスの構造改革から，収益に貢献しない事業，成長領域から外れるノンコア事業について，厳しい視線が注がれており，会社の祖業やかつての主力事業を含めた，聖域のない構造改革が経営者に求められていることも，分離・売却の選択が増えている背景です。最近は物言う株主を外部取締役に迎え，助言を直接取り込み，構造改革を加速させている企業もあります。

　事業の分離・売却による事業ポートフォリオの組み換えは，デジタルトランスフォーメーション（DX）をはじめとする技術革新も後押ししています。DXに関連する事業をコア事業と位置づけている企業や，脱炭素技術に対応するために，旧来技術や資産の入れ替えを急ぐ企業など，今後も技術革新は影響力の大きなドライバーとなるでしょう。

　一方，収益性の低い事業は，別の企業グループに加わることで費用構造の改革を行ったり，新たな投資による成長機会の獲得が可能になったりするなど，分離・売却により生まれ変わるチャンスとなります。ノンコア事業も新たな買い手の下で，技術や顧客などの面でシナジーが生まれ，事業の継続や成長余力が生まれるなど，事業再活性化が進みます。

6

外部環境の不確実性の増大や株主・外部取締役のガバナンスも

企業を取り巻く外部環境は激変
影響及ぼすドライバー

マクロ経済の
不安定

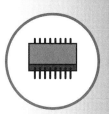

DX・技術革新に対
するリスクと機会

地政学的
不確実性

外部取締役・
物言う株主対応

1-3 企業・事業の分離・売却の難しさとは？

初期と実行段階では社内への対応が異なる。
プロジェクトは複雑で長期にわたる

　検討の初期段階，構想策定の段階は，トップマネジメントや対象事業の管掌役員の指示を受けて，社内の限られたメンバーで検討を進めることになります。企業・事業の分離やその後の売却は，対象の従業員を不安にさせたり，情報が従業員を通じて外部へ流出すると取引先や得意先との関係が悪化したり，さらには事業に関する誤った噂の拡がりなど，レピュテーションリスクがあります。

　開示後の実行段階では，多くの人を巻き込みながら進めていく必要があり，まずは関係者への丁寧な説明・コミュニケーションが重要です。具体的には，対象企業や事業の従業員への説明，労働組合への説明を行います。丁寧かつ複数回コミュニケーションを行い，従業員・労働組合の合意を得る必要があります。

　分離・売却の実行は，事業に関わる面だけでなく，労務，法務，会計・税務，ITシステムなど多岐にわたることから，本社管理部門の積極的な協力も得て，推進していく必要があります。

　将来的に，事業部門と対象企業の関係は，「株主と会社」のような関係に切り替わります。「株主と会社」というように関係性を再定義することで，事業部門は対象企業が成長に注力できるように，準備を進めていくことが重要となります。

　プロジェクトの特性としては，価値を高くして売却したい一方，買い手との交渉が頓挫して長引いたりすれば，その間の外部環境の変化など交渉外の要因にも影響を受けます。何より交渉が中止になれば，また一から別の相手との交渉になり，それまでの多大な時間とコストを失うこととなります。したがって，交渉開始の段階から，売却価格，交渉期間，リスクはトレードオフの関係であることを踏まえ，何を犠牲にし，何を優先するかを予め社内で議論を進めておくなど，プロジェクトを円滑に進めるための準備が求められます。

　また，分離・売却決定の実行段階では，対象企業・事業に関わる経理や人事業務などの分離に向けた業務整理や，事業運営に支障が出ないように業務移管に関する課題の洗い出しと対応が必要となります。売却後も業務委託の形で6か月から1年程度，業務を提供することも多く，長期にわたり関与することを念頭に，必要なリソースや工数を過小評価しないことが重要になります。

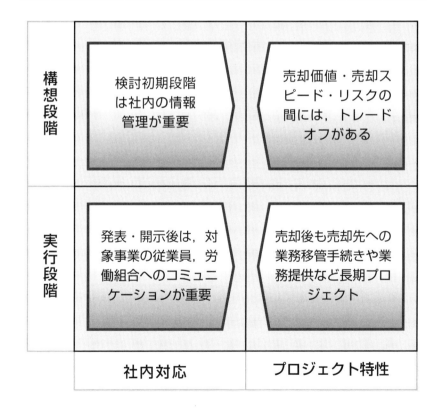

初期と実行では社内対応が異なる
プロジェクトは複雑・長期

	社内対応	プロジェクト特性
構想段階	検討初期段階は社内の情報管理が重要	売却価値・売却スピード・リスクの間には，トレードオフがある
実行段階	発表・開示後は，対象事業の従業員，労働組合へのコミュニケーションが重要	売却後も売却先への業務移管手続きや業務提供など長期プロジェクト

第**2**章

企業・事業の分離・売却って何から始めるの？

分離・売却は，「分離・売却戦略」「価値創造」「構想・計画」「実行」「分離・売却後」の5フェーズで構成されます

企業・事業の分離・売却は複雑で長期のプロジェクトになります。

「分離・売却戦略」のフェーズでは，企業グループ，自社事業のポートフォリオ（事業構成）をレビューし，成長事業，維持すべき事業などのコア事業，収益力はあるもののコア事業との関連の薄い事業，自社外の方がより成長可能と想定される事業などをノンコア事業と評価・識別し，ノンコア事業の分離・売却戦略を検討・策定します。

続く「価値創造」は，ユニークなフェーズです。分離・売却はするが，買い手の目線に立って成長余力・収益改善機会を分析します。分析を通じ，どのような買い手が相応しいか，どのような分離が望ましいかなども，併せて検討します。これは戦略フェーズの中で検討することが一般的です。

「構想・計画」のフェーズでは，前2フェーズの結果を基に，分離・売却の実行計画を策定し，売却プロセスを進めます。実行計画の策定では，スケジュールやプロジェクト体制に加え，対象企業・事業の分離範囲を決定します。分離範囲は，どこまでを分離・売却の対象とするかを示すもので，商流，組織，機能・業務，人員，IT，許認可・資格，契約など多岐にわたります。

売却プロセスは，買い手候補の探索，買い手候補へのコンタクト，秘密保持契約などの締結，情報の提供から始まります。売却プロセスは買い手候補の探索から最終的に契約締結までの専門性の高い複雑な手続きになるため，証券会社や会計事務所の外部専門家をフィナンシャルアドバイザー（FA：プロセスの全体管理・買い手候補との交渉役）として起用します。

「実行」のフェーズは，契約締結から実際に売却されるクロージング日までの期間になります。対象企業・事業を分離し，契約を締結した買い手への売却を実行します。組織・人員労務面，業務・ITなどのオペレーション面，許認可・資格・契約の法務面などの分離，事業の分離の場合は新会社の設立も必要にな

ります。分離直後の期間は売り手の間接機能やITシステムが事業継続には必要となることが多いため，買い手と業務委託契約を結んで一定期間業務提供をします。この業務委託契約をTSA（Transition Service Agreement）と呼びます。

「分離・売却後」のフェーズでは，TSAを終了させるなど，残った手続きや対応を行います。契約締結後も，クロージング日，さらにはTSAの終了まで，対応は続きます。

> 分離・売却は，「分離・売却戦略」「価値創造」「構想・計画」「実行」「分離・売却後」の5フェーズから進める

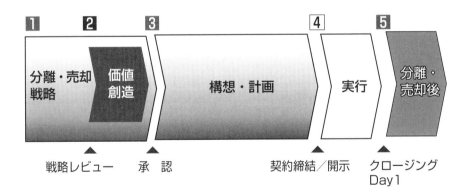

2 企業・事業の分離・売却を始めるには

まずはポートフォリオ（事業構成）レビューの検討から！

　企業・事業の分離・売却では，まずポートフォリオ（事業構成）レビューを検討します。自社の各事業，グループ各社の置かれている外部環境，それぞれの業績，競合他社の戦略・状況などを分析します。今後必要となる投資も重要な要素になるため，どのように資金調達して必要投資を実行するかも検証し，レビューを進めます。分析作業は限られたメンバーで行うため，情報も限られますが，仮説を組み立てながら効率的にレビューを進めることが求められます。

　ポートフォリオ（事業構成）レビュー結果を基に，分離・売却の対象企業・事業の評価・決定を含めた企業再編戦略を練ります。対象企業・事業の評価・決定にあたっては，財務指標（KPI）による定量的な評価だけでなく，分離・売却に要する再編期間とその複雑性などの定性面，さらに分離・売却が企業価値にどのように貢献するのか，行わない場合の企業価値のマイナス面（ディスカウント）も検証し，評価・決定をします。

　続いて，分離・売却オプションの具体化のために，次の点を検討します。

> ⊙分離・売却はどのパターン・形態で進めるか
>
> ⊙分離対象企業・事業はどの範囲か
>
> ⊙買い手候補はどこか（事業会社又は，プライベートエクイティ(PE)ファンドか）
>
> ⊙実行に必要とされる期間や実行に向けた課題は何か
>
> ⊙EBITDA などの企業価値，あるいは株価にどのような影響を与えるか

　必要に応じ，複数オプションについて検討を行い，それぞれのオプションのメリット・デメリットを整理することで，論点を絞り込み，検討を効率的に進めることが重要です。

分離・売却を始めるには周到な用意が必要！

ポートフォリオ（事業構成）レビュー	企業再編戦略	オプション検討
▶各事業の置かれている環境, 事業の状況 ▶競合他社の戦略・状況 ▶資金調達戦略	▶財務指標（KPI） ▶期間／複雑性 ▶企業価値（貢献／ディスカウント）	▶カーブアウト／個社 ▶企業価値向上／株価への影響 ▶期間／複雑性 ▶買い手候補（事業会社／PEファンド）

> 分離・売却はキャピタル（資金・資本）に
> おいて戦略上，重要な位置づけです！

　キャピタル（資金・資本）の観点から経営課題は4つの視点，「最適化」「調達」「投資」「維持」で，整理することができます。この4つのカテゴリーからキャピタル（資金・資本）に係る政策を立案し，限られたキャピタル（資金・資本）を有効活用する戦略を策定，実行します。事業の分離・売却は，図表の右側の「最適化」「調達」に該当します。

　「最適化」とは，シナジー施策の徹底やグループ共有のシェアドサービス化における業務の標準化などの施策を講じ事業資産の最適化を行う視点です。資金繰り，運転資本および投下資本利益率（ROIC）の評価指標の導入，計画的キャピタル分配と事業・製品のポートフォリオレビュー，買収によるシナジー効果の最大化の追求なども含まれます。

　「調達」とは，事業撤退，子会社統廃合に伴う余剰資産の売却等，財務体質の強化を図り，分離・売却対象となり得るノンコア事業・資産を積極的に管理し，常に意思決定可能な体制を構築するなどの視点になります。

　「投資」とは，グローバルリーチの強化を狙いクロスボーダーM&Aの実行や新サービス・新規事業の創出を企図する視点になります。投資評価プロセスの向上，買収対象を継続してスクリーニングし，迅速な買収のために必要なガバナンスを調整する，合弁や戦略的提携なども含まれます。

　「維持」とは，既存の事業基盤を強化しキャピタルの維持・継続を企図する視点であり，海外子会社再編，グループガバナンスの強化や海外子会社を含む子会社管理手法の再構築などが該当します。

　常にポートフォリオの観点から「最適化」を図り，ノンコア事業・資産については迅速かつ柔軟に売却を実行，事業の分離・売却により資金を「調達」することで，新たなM&Aに「投資」します。既に投資した事業資産に対しては，「維持」強化を図るというサイクル・関係でもあります。分離・売却はキャピタル

（資金・資本）における戦略上，重要な位置づけとなります。

分離・売却はキャピタル（資金・資本）において
戦略上，重要！

海外子会社再編
グループガバナンス
の強化

海外子会社を
含む子会社
管理手法の
再構築

維持

シナジー施策の徹底

計画的キャピタル
分配とポートフォ
リオレビュー

最適化

キャピタル
（資金・資本）
アジェンダ

投資

グローバル
リーチの強化
〜海外M&A
戦略

新サービス／
新規事業の創出

調達

事業撤退，子会社
統廃合に伴う余剰
資産の売却等

財務体質の強化

2-4 対象とする企業・事業はどのように決めるの？

分離・売却の対象企業・事業の選定には基準を導入し，モニタリングする

　激動する経営環境の中で，企業は常に自社の事業・製品のポートフォリオを管理し，キャピタル（資金・資本）の「最適化」を図る必要があります。そのためには，コア事業／ノンコア事業，成長に向けて一層の投資が必要な事業，収益改善に構造的な改革が必要な事業，事業継続が難しい事業など，共通の基準で事業を管理，モニタリングすることが求められます。

　多くの企業では，事業の選択と集中を効率的に行い，限られた経営資源を有効に配分するために，基準を導入しています。さまざまな業績評価指標を組み合わせて社内ルール等を制定し，製品・事業およびグループ会社の事業性の評価を実施します。

　最近では，外部取締役の取締役会への参画により，欧米で実践されているような一定収益以下の製品・事業・グループ会社を排除し，成長事業，自社の強い領域に経営資源を集中させるために，より厳しい基準を導入するケースも増加しています。

　撤退基準の考え方は，大別すると，2つの考え方があります。1つは企業・事業にとって，明らかに収益（キャッシュフロー）がマイナスの製品・事業・会社を分離・売却の対象とする手法（ここではA法），もう1つは企業・事業が設定した高い目標を達成するために，一定収益（キャッシュフロー）以下の製品・事業・会社を分離・売却の対象とする手法（ここではB法）が挙げられます。下記はそれぞれの基準例です。

事　例	基準例
外資A社	【A法】 ●事業別の損益把握の精度を向上させ，独自の経済的付加価値により事業を評価。マイナスの事業は撤退の対象とする。

日系B社	【B法】
	●事業部単位で ROE，ROA を算出し，3年単位で一定基準以下の事業は撤退の対象とする。
	●世界市場で10%以上のシェアを持つ事業を，競争優位事業と位置づける。

　事業の分離・売却の基準を設定し，普段から事業単位の投資効率や経営状態を把握できる指標をモニタリングし，定期的に経営層に報告することが望まれます。意思決定は客観的材料をベースに行う必要があるからです。

基準を導入し，モニタリング

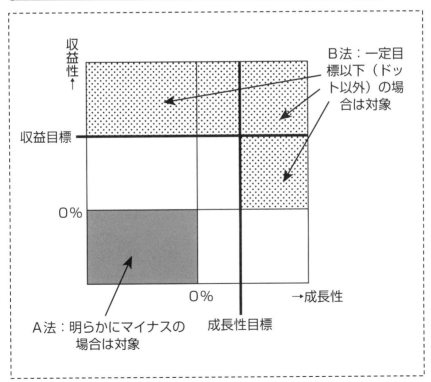

意思決定プロセスを構築し，撤退に伴うリスクを管理

　基準を設定しモニタリングする重要性は前項で述べましたが，モニタリング結果に基づいて，どのように分離・売却などの事業撤退を決定するか，意思決定プロセスの構築と運用はさらに重要になります。

　事業構造の再構築を円滑に進めるためには，基準を設定し基準に抵触した場合は常に事業の検証を継続することになります。はじめから事業を選別するという目的ではなく，事業の継続を前提に収益改善機会を厳しく検証するという姿勢です。

　ある会社では，これまで既存事業に対しては，開発や生産などの新規投資実施後に検証する仕組みがなく，投資結果の検証も事業部門に任せられ，過去の投資事例の検証は不十分でした。そのため，過去の投資結果の小さくない失敗が見過ごされ，事業の立て直しが最終的に難しい局面まで追い込まれる経験をしました。これを機に事業を継続的に検証する仕組みを構築し，本社も関与する継続的な事業レビューを行い，事業部門任せにせず，先手先手で対策を図るようにしています。

　図表は，コーポレート部門が事業を検証し，基準に抵触した場合は，対象ビジネス部門に，原因の追究，リストラ・収益改善機会の検討を指示，並行して分離・売却などの撤退コスト・リスクの評価を進めるプロセスです。

　事業レビューは，ビジネス部門の計画の問題点や改善点を究明し，計画立案の精度向上につながります。また，予め検証項目を設定，開示することで，事業は常に検証されるという共通意識を醸成することになります。

　透明性のあるプロセスの構築は重要であり，外部取締役も参加する取締役会への説明責任を果たす上でも不可欠なものとなります。分離・売却などの撤退基準をコーポレート部門が管理する企業は，事業・製品のポートフォリオおよびリスクの管理が徹底されている傾向があります。

意思決定プロセスを構築し，撤退に伴うリスクを管理

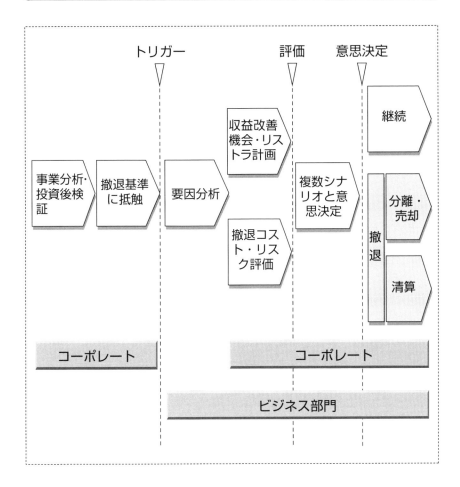

6 分離・売却を進める上での留意点とは？

 業務面，会計・税務面，情報管理など

　分離・売却プロジェクトは今後の対象企業・事業に対する経営判断の結果であり，構想段階では経営幹部直轄として，限られたメンバー（多くても10名前後）で，対応を進めます。必要に応じて外部アドバイザーの起用を検討します。

１．プロジェクトマネジメント

　外部環境をはじめ，競合他社動向など事業環境は急速に変化するため，検討期限・リスク管理・ガバナンスを意識したプロジェクトマネジメントが極めて重要です。

２．事業・業務面への対応

　対象企業・事業の分離・売却後の将来像や，独立した事業体としての収益構造の見極めが必要です。一方，残される側の業務モデルの変更，収益構造への影響も考慮が必要です。例えば，事業売却は本社費用の負担先がなくなることを意味し，場合によっては本社管理部門の削減も検討が必要です。

３．労務面・法務面への対応

　移管対象となる従業員の範囲・処遇，特許・商標権などの知的財産権，既存の取引先との契約など，分離・売却後の事業の継続性の観点から，それぞれについて，範囲・条件などの整理が必要です。

４．会計・税務面への対応

　対象事業の連結財務数値（カーブアウト財務諸表）を事前に準備する必要があります。管理会計情報の費用配賦やバランスシート項目が厳密でない場合，分離の方法によっては実行時に多額の税務コストが発生する場合があり，留意が必要です。

５．外部ステークホルダーへの対応

　取引先・得意先への説明時期・内容について，予め十分な検討が必要です。情報を開示後に速やかに外部ステークホルダーへの対応を進め，分離・売却後も継続的な取引ができるよう配慮することが必要です。

６．情報統制・管理

　プロジェクトに関する情報が漏洩した場合，対象企業・事業に従事する従業員の不安や，取引先・得意先などに誤った理解を引き起こす可能性があります。レピュテーションリスク低減の観点から，情報統制・管理には十分な配慮が必要です。

留意・対応すべき事項がたくさんある！

プロジェクトマネジメント・ガバナンス			
事業・業務面への対応	労務面・法務面への対応	会計・税務面への対応	外部ステークホルダーへの対応
情報統制・管理			

第 **3** 章

企業・事業の分離・売却の戦略

企業・事業の分離・売却戦略を策定します

 分離・売却戦略策定は，クリティカルな
6領域の調査・分析から

　分離・売却戦略の策定をどう進めるか，どのようなスキームを選択するかは，「財務」「税務」「法務」「オペレーション」「人材」「ITシステム」の6領域の初期調査結果を基に決定します。この初期的調査はアジリティアセスメントとも言われ，分離・売却戦略の策定，スキームの選択を進めるにあたり，重要な情報となります。

　特に，分離・売却のオプションに応じた，想定されるコスト，完了までの期間，分離・売却範囲，買い手候補，そのオプションの要件・課題は戦略の策定に不可欠な要素です。これらの要素を検討することで，分離・売却範囲をどこまでとすべきかなど，取り得る戦略を具体化することが可能です。

　「財務」領域では，対象の機能・資産範囲を定義し，カーブアウト財務諸表を作成します。作成される財務諸表（PL，BS）の品質が低いと，不適切なスキームの選択など，その後の分離・売却戦略に大きな影響が出る可能性があります。

　「税務」領域では，ストラクチャリングに応じ，想定されるキャピタルゲインや税務コストを試算し，残される側のPLへの影響度を把握します。

　「法務」領域では，独占禁止法・外為法(外国為替および外国貿易法)，許認可・資格，契約の継承の観点から，調査を実施し，分離・売却の難易度を把握します。

　「オペレーション」領域では，分離・売却範囲の資産分離，機能分離の実現性や事業運営への影響度を確認します。

　「人材」領域にでは，移管対象人員のリテンション，労働組合へのコミュニケーション，年金などの面から，実行の難易度や影響度を把握します。

　最後に「ITシステム」領域では，ITインフラ，業務アプリケーション，従業員貸与のPCなど，事業継続に影響がないか，対応すべき事項は何か，戦略実行や取り得るスキームの選択に影響を与えないかを確認します。

分離・売却戦略策定は，クリティカルな6領域の分析から

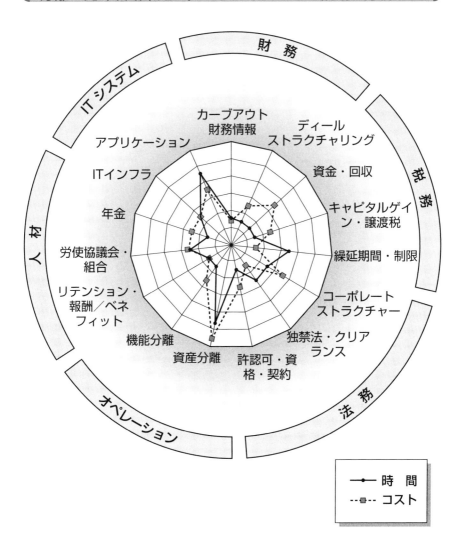

限られたメンバーで主たる論点を整理・検討します！

　前項で説明したクリティカルな 6 つの領域に関し，より具体的に論点を整理・検討します。ここでは，主たる論点例として，人材，オペレーション，IT システム，取引関係・契約の法務，財務，税務について順に取り上げます。

1．人　材

　分離・売却後の事業運営のため，対象事業に関与する人材の対象会社・事業への移管が必要な一方で，業務や機能のキーパーソンの退社，移管対象人材の移管拒否などの懸念があります。対応すべき事項は例えば以下です。

> ◉移管対象人員数の不足，出向者帰任などによるマンパワー不足への対応
> ◉関係者，業務に必要な特定の知見又は，必須資格を有する個人の流出防止に向けたリテンションプラン（人材の維持・確保に向けた計画）

2．オペレーション

　対象会社・事業が分離されるにあたり，業務オペレーションには何らかの分断事項が発生します。これまでグループ企業から提供されていた業務・機能の内製化や代替手段，親会社が決裁していた事項に関する決裁者の整理などを検討します。対応すべき事項は例えば以下です。

> ◉親会社やグループ企業から提供されていた業務・機能の消失後の業務の継続性
> ◉分離・売却後の組織体制での決裁権限の整理

3．IT システム

　会社内又はグループ内で共有の IT システムを使用している場合，分離に伴

い，新たに開発したり，アプリケーションを購入したりする必要性があるか確認します。対応すべき事項は例えば以下です。

> ◉親会社やグループ企業が保有するシステム・データの使用停止による影響
>
> ◉親会社やグループ企業が購入主体となっていたシステム・ライセンスの使用停止による影響

4．取引関係・契約の法務

会社内又はグループ内に一括購買機能がある場合や親会社が取得していた許認可・資格に基づいた取引がある場合，分離・売却に伴い，取引の継続に向けた対応が必要な事項とその影響を洗い出します。例えば以下です。

> ◉親会社やグループ企業との共同購買停止によるサプライチェーンの分断
>
> ◉親会社の変更による業務上必要な契約・許認可の消失

限られたメンバーで主たる論点を整理・検討します！

論点例		内　容
人材		▶対象会社・事業に関わる従業員，特にキーパーソンの流出や移管拒否等のリスクはないか？
オペレーション		▶分離に伴って，業務オペレーションに重大な支障を来す論点はないか？
ITシステム		▶複数事業で使用されているITシステムがある場合，分離に伴い，新たに開発・購入等の必要性はないか？
取引関係・契約，当局対応	取引関係	▶複数事業を含めた一括購買・販売等がある場合,分離に伴い,コスト増や購入に支障を来すような取引関係の変更はないか？
	契約・資格	▶分離に伴って発生する事項等で，業務上重要な支障を来す許認可・資格や契約はないか？
	当局対応・許認可	▶分離に伴って発生する当局・許認可など特記事項として考慮すべき論点はないか？

5．財　務

　対象会社・事業の単体の財務状況を把握する必要があります。対象会社の場合はすでに単体の財務諸表がありますが，事業の場合は対象事業の財務諸表であるカーブアウト財務諸表を作成する必要があります。

　対応すべき事項は例えば以下です。

> ⦿本社費の配賦や製品・サービス単位など管理会計基準の修正
> ⦿対象事業のカーブアウト財務諸表を作成することにより事業実態を
> 　明確に把握

6．税　務

　税務については担当部署や社内専門家の参画を得て，論点を整理・検討します。税務面の整理・検討にあたっては，前述のオペレーションや財務面の論点整理の情報を受け，検討することが望ましいといえます。

　対応すべき事項は例えば以下です。

> ⦿分離に伴って，新会社が不動産や資本に関する取引税
> ⦿売却額の水準と譲渡益・損失の関係を把握

財務・税務面については社内担当部署・専門家の参画も

	論点例	内　容
財務面	カーブアウト財務諸表	▶対象事業の単体の財務諸表（カーブアウト財務諸表）を作成すると,対象事業の財務状況の実態はどうか？
	資産・負債	▶対象事業の資産・負債を切り分けるにあたり,会計上の論点はないか？
	管理会計	▶管理会計上の単位や配賦基準は,対象会社・事業のカーブアウト財務諸表を作成するのに十分足り得るか？
税務面	取引税	▶分離に伴って,不動産や資本に関し,どの程度の取引税が発生する見込みか？
	譲渡益·損失	▶対象会社・事業の売却により,譲渡益・損失は売却額の水準によりどの程度発生するか？
	スキーム	▶分離·売却のスキームによる税務面の差異や影響は？

3-3 分離・売却後の姿を描きます

現状，Day1，最終の3つのオペレーティング
モデルを描きます

　限られたメンバーでクリティカルな6つの領域に関し，より具体的に論点を整理・検討することは前項で述べました。その結果を分離・売却後の姿として表現するのが3つのオペレーティングモデルです。対象企業・事業の「現状」とともに，分離・売却時の「Day1」，業務委託などにより分離・売却後の一定期間提供するサービスが終了する「最終」の3つのオペレーティングモデルを定義します。

　オペレーティングモデルの形に表現することは，組織・機能を軸に，人材，プロセス，システム，契約，資産などの観点から，戦略的目的に合致しているか，実際に事業運営する上で機能する形態なのか，トランザクションとともにどのように変遷するのかを俯瞰し，論点を検証する作業になります。

　まず「現状」のオペレーティングモデルについては，対象となる機能ごとに主要な業務・プロセス・IT を洗い出し，また機能間の相互関係を確認します。このことは，どの機能が分離・売却時に不足するのか，またどのようにそれを補うのかの論点抽出につながります。

　「Day1」のオペレーティングモデルは，現状モデルで抽出した論点を基に，分離・売却時に独立した組織体（スタンドアロン）として整備が必要な業務・プロセス・IT，外部にアウトソーシングするもの，業務委託契約（Transition Services Agreement: TSA）を締結して一定の期間，サービス提供する業務・プロセス・IT を定義します。

　Day1 のオペレーティングモデルはいわば中間時点のモデルであり，最終的にどのような形になるかを3つ目の「最終」のオペレーティングモデルとして描きます。実際の最終状態は，売却先の意向やトランザクションの状況により変化しますが，この時点で予め TSA として提供するサービスやその体制，残存する資産などを最終モデルとして検討しておきます。

現状，Day1，最終の３つのオペレーティングモデルを描きます

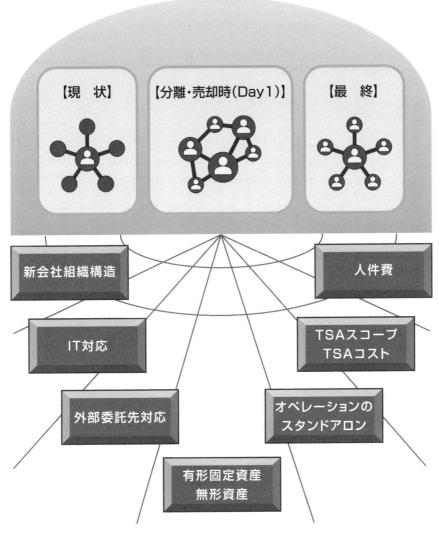

Day1：株式譲渡契約など締結した最終契約に従い，資金や株式などの対価を払い込み譲渡が完了（クロージング）した日

買い手候補の視点に立った価値向上を考えます！

オペレーティングモデルができたところで，対象企業・事業の価値を試算します。これは分離・売却する側，買い手候補双方の視点から確認することが重要です。

１．価値向上

分離・売却という戦略的手段が対象企業・事業の価値向上につながるかは極めて重要であり，自社やグループで抱えずに他社の傘下で事業を継続することの理由にもなります。最終のオペレーティングモデルが価値向上につながることを確認するため，現状のモデルと最終モデルを比較し，EBITDA などの指標で改善が図られるかを検証し，十分な改善が見られない場合は，改善に向けた条件やその対策を検討し，必要に応じて「Day1」および「最終」の２つのオペレーティングモデルを再検討します。

２．一時コストの削減

分離・売却時に一時的に発生する投資・コストをできるだけ削減することは重要です。単独の組織体として必要コスト（スタンドアロンコスト）とともに，分離するためだけに必要な投資もあり，金額が想定以上に大きいと分離・売却時の大きな負担になり，次なる投資資金の獲得という戦略的目的の達成にも影響を与えます。

３．相手にとってのリスク

トランザクションに係るリスクは定性的な把握となり，この時点での価値の試算には直接反映されませんが，検証視点としては必要です。買い手にとってのリスクの低減につながる対応を行うことは，分離・売却する側にとってのリスク低減策にもつながるのです。

４．迅速なクロージング

　最終オペレーティングモデルを基に，TSA などのサービス提供を終える全期間を見通した上で，迅速なクロージング計画を組み立てることが必要です。この時点での検証を通じ，Day１のオペレーティングモデルの構築までの準備や対応が十分可能であるという見立て，共通認識を持つことは，この後のプロセスを進めるにあたり重要になります。

売却先候補の視点に立った価値向上を考えます！

EBITDAの向上
分離・売却後の最終オペレーティングモデルが価値向上につながるモデルになっているか？

一時コストの削減
分離・売却時に必要とされる一時的投資・コストが最小限になっているか？

相手にとってのリスク
売却先候補側の企業買収・事業取得後のリスクは，十分低減されているか？

迅速なクロージング
必要にして十分ではあるが，いたずらに長くないクロージング期間か？

この時点で，メインシナリオのプランAだけでなく，プランBおよび別シナリオも用意します！

オペレーティングモデルを用意し，対象企業・事業の価値を試算するところまで来ました。この時点で，分離・売却を実行するメインシナリオだけでなく，別シナリオの検討を進めます。

企業・事業の分離・売却の検討は，機密事項も多く含まれ，守秘義務が課せられる検討のため，いったん，開始するとそれが漏洩したとき，あるいは機密は保持されても検討したという経緯はさまざまな影響を与える可能性があります。漏洩などすれば，顧客や取引先，従事する従業員への影響は大きく，戦略が崩壊しかねません。

メインシナリオが頓挫するときにこういった事態を招くことも多く，予めノンコア事業の売却による資金回収と成長投資などのグループ全体の戦略に沿う複数のシナリオを用意しておく必要があります。これはメインシナリオを構想策定，実行計画へ展開する前の段階で検討します。構想策定や実行段階では常にメインシナリオとの差分を意識し，万が一に備える必要があります。

1．分離・売却シナリオ

分離・売却シナリオについて，プランA（メインシナリオ）とそれが難しい場合のプランBを用意します。プランAは望ましい売却先に，望ましいタイミングで，こちらが想定するスキームでということになりますが，そのように事が運ぶ蓋然性は高いとは言えません。したがって，別の買い手候補に，厳しいと思われるタイミングで，こちらが望まないスコープやスキームを提示された場合の受容度をシミュレーションすることになります。プランAとBでの差異として想定される対象企業・事業の価値は大きく変わらないかもしれませんが，想定コスト・投資の差異を予め想定しておくことは重要です。

２．別シナリオ

　仮に分離・売却シナリオの実行が難しい場合，大胆なリストラ策などの収益改善策を実行し事業継続を判断することもありますが，そもそもの戦略と適合しない意思決定になりかねません。社外取締役などを中心に社内外からノンコア事業の撤退という選択肢の検討を求められることも想定され，撤退を含む別シナリオの検討は不可欠と言えます。

プランＢおよび別シナリオも用意します！

分離・売却シナリオ		別シナリオ
プランA	プランB	撤退プラン
▶買い手候補 　▶海外事業会社 ▶想定スキーム 　▶分割新会社株式譲渡 ▶スケジュール 　▶契約締結XX年XX月 　▶クロージングXX月 ▶想定価値 　▶売却価額 　▶ディールコスト 　▶業績影響	▶買い手候補 　▶フィナンシャルバイヤー ▶想定スキーム 　▶合弁会社 ▶スケジュール 　▶契約締結XX年XX月 　▶クロージングXX月 ▶想定価値 　▶出資額 　▶譲渡益 　▶ディールコスト	▶撤退の影響範囲 　▶他事業への影響 　▶レピュテーション ▶撤退リスク 　▶事業継続 　▶訴訟 ▶撤退コスト 　▶労務 　▶Exit tax 　▶Covenants

案件の進行には当局の申請・承認が影響する

　前項ではメインシナリオだけでなく別シナリオも用意することをお話ししました。この段階で，メインシナリオに基づいた分離・売却への影響要素として，独占禁止法（以下，独禁法）について確認しておくことも重要です。独禁法の影響ポイントは以下です。

> ⊙分離・売却範囲は，独禁法当局の承認（クリアランス）により，最終的に確定
> ⊙クリアランス前は，買い手との契約締結内容は，原則無効の状態
> ⊙クリアランスが一旦下りれば，分離・売却の完了へ進める

　また，当局への申請は売却先が行うため，売却先の事業構成などにも影響され，不確定な状況が生じます。だからこそ，一定の事前調査が求められるのです。

１．分離・売却の範囲と買い手候補との関係の整理

　メインシナリオで想定している分離・売却先の企業・事業が属する市場に関して，競合関係の調査を行います。この調査によって，分離・売却の事業範囲と競合を含む買い手候補の事業範囲との関係性を整理します。

　例えば，以下の調査を，外部アドバイザーを使って実施します。

> ⊙対象市場の競合関係分析
> ⊙分離・売却後の市場占有率の変動の試算

２．当局対応の想定準備

　1.の調査により，分離・売却の範囲と買い手候補との関係が整理できたら，次に，過去の類似案件からどのような当局の反応が想定されるのか，それによって計画する分離・売却のシナリオにどのような影響があるか，情報を収集します。

　これは，分離・売却の範囲，クロージング期までの期間に大きな影響を及ぼし，またこれらは対象企業・事業の価値に影響を与えるため，予めシミュレーションしておくことが重要です。検討にあたっては，法律事務所などの外部アドバイザーの助言も有用です。

　「対象市場の競合関係分析」「対象市場の市場占有率の変動試算」から，想定される当局対応の影響を，先に策定したメインシナリオに反映させます。また，この独禁法に対する影響調査は，今後のメインシナリオの推進時の評価軸にもなります。

案件の進行には当局の申請・承認が影響する

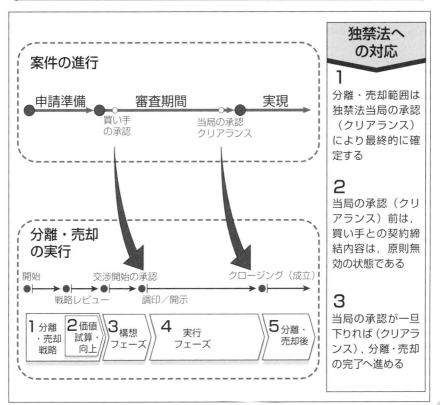

3-7 独占禁止法以外に当局から分離・売却を止められてしまう場合はある？

買い手候補に外国の企業・ファンドが含まれる場合は留意が必要！

対象企業・事業の売却に際し，買い手候補に外国の企業が含まれる場合は留意が必要です。日本の企業については，外国為替及び外国貿易法（以下，外為法）により，武器・防衛関連，航空機，宇宙関連，原子力，放送関連，サイバーセキュリティ，インフラなど，日本政府にて指定された業種に該当する事業においては，外国人又は外国企業による国内企業への株式譲渡などが制限されます。

また，業種により外為法対応の手続きも異なることから，予め指定業種への該当・非該当を関係当局へ確認することが重要です。各業界における個別の業法でも外国資本に対する出資を規制する場合があり，外資規制に詳しい外部法務アドバイザーの助言を仰ぐことが不可欠になります。確認結果は，ストラクチャー検討，買い手候補の検討に反映します。

外資規制の対象事業であった場合，外資規制を踏まえたストラクチャーの検討や，関係当局へのコミュニケーション，他の買い手候補の検討などを進めます。関係当局へのコミュニケーションについては予め計画を立て，説明内容などの整理が必要となり，相応の準備期間を見込んでおくことが必要です。

今般の IT 技術の進歩による影響度の拡大や海外での外資規制強化の潮流を踏まえ，技術流出・事業活動喪失防止の観点から，2020 年にも外為法の改正が行われており，今後の外資規制関連法の改正も想定されることから，動向把握は重要であり，この点からも外部法務アドバイザーの情報提供や助言を受けることは有用です。

買い手候補に外国の企業・ファンドが含まれる場合は留意が必要

企業・事業の分離・売却の 外部アドバイザーとは？

分離・売却プロセスにはトランザクションの プロを起用する

分離・売却は多くの企業にとって日常的な取引（トランザクション）とは言えません。また長期のプロジェクトであり，構想段階までは限られたメンバーで実施するため，社内リソースを十分に活用することができません。

したがって，少ない社内経験者を中心に限られたメンバーで検討を効率的に進めるには，外部アドバイザーを起用することが一般的です。

起用するアドバイザーの領域は大きく分けて，売却プロセスを司るフィナンシャルアドバイザー（FA），分離にあたって分離後の財務諸表（カーブアウト財務諸表）作成など会計面の助言をする公認会計士，分離にあたって税務コストや売却プロセスにおける税務面の助言をする税理士，業務やITの分離に関する助言を行う専門コンサルタント，またプロジェクトマネジメントの支援を依頼する場合もあります。

多くのアドバイザーが関与することになりますが，全て最初から最後まで支援を依頼する必要はありません。第2章で分離・売却の全体の流れとして，「分離・売却戦略」「価値創造」「構想・計画」「実行」「分離・売却後」の5フェーズで進めることをお話ししましたが，最初の「分離・売却戦略」「価値創造」の段階では，どう進めたらよいのかのプロジェクトマネジメント，どのスキームが望ましいかなどの法務面・税務面の助言を必要とすることが多く，これらのアドバイザーを起用し，検討を進めます。

「構想」フェーズでは具体的に買い手候補へのアプローチや交渉などの売却プロセスに入っていきますので，フィナンシャルアドバイザー（FA）を起用し，FAに法務や税務などの他のアドバイザーの管理も含めた全体のプロセス管理を依頼し，検討を進めます。各フェーズを最短ルートで完了に導くには，外部アドバイザーの起用が重要です。

分離・売却プロセスにはトランザクションのプロを起用する

役　割	業務・外部専門家
フィナンシャルアドバイザー（FA）	【主たる業務】売却プロセスを担当し，交渉支援，ディールプロセス支援等を実施 【外部専門家】証券会社，投資銀行，監査法人系トランザクション部門など
会計士	【主たる業務】カーブアウト財務諸表作成など会計面の助言 【外部専門家】監査法人系トランザクション部門，会計事務所など
税理士	【主たる業務】トランザクションタックス，ストラクチャーなど税務面の助言 【外部専門家】会計事務所，税理士法人
弁護士	【主たる業務】ドキュメンテーション，交渉支援，契約書確認，独禁法対応など法務面の助言 【外部専門家】法律事務所，弁護士法人
IT・オペレーション，組織・人事，プロジェクトマネジメント	【主たる業務】IT分離，組織・人事，プロジェクトマネジメントなどに関する助言 【外部専門家】コンサルティング会社，会計事務所などの各領域の専門部隊

プロジェクトが遅延したり，交渉が長期化して案件が頓挫したりする

　分離・売却の推進では対象企業の従業員や取引先，得意先などに大きな影響を与えます。対象企業・事業の価値には，「優良な顧客を有している」「専門性の高い優秀な人材を抱えている」という点が重要な要素として含まれています。不十分な初期的検討や情報管理により，本来検討すべき課題やそのリスクを看過したり，検討過程の情報が一部不完全に流出したりすると，状況が一変し，出てくる課題への対応に追われ，プロジェクトが遅延，社外の評価の著しい低下，従業員の流出などを招き，買い手候補との交渉など，売却プロセスそのものが崩壊することになります。

　したがって，企業や事業の分離スキームや手続き，売却プロセスや交渉の経験豊富なアドバイザーは，分離・売却の戦略をよく理解し，抜け漏れのないように課題やリスクを整理し，案件が確実に推進できるよう努める役割を担います。

　外部アドバイザーを起用せず検討を進めた例として，買い手候補が旧知の仲であり，初期的な打診をしたところ，相手からも好意的な返事があり，両社同士の話し合いで成立すると考え，分離・売却の戦略などの検討を全くせず，大枠合意で交渉を開始することがあります。そのような場合は，実際に交渉が進むにつれ，部分部分で利害が衝突したり，旧知の仲であった関係さえも崩れてしまったりすることがあります。

　また，関係は悪化しなくても，細かい点で合意に達するまでに時間を要すると，交渉が長期化し，1年，2年と終わりが見えずに長引き，徐々に両社の熱量が低下，事業環境の変化なども起こり，プロジェクトの頓挫につながります。

　実際にアドバイザーとして起用された際，これまでの検討経過を聞きますが，その際，「実はある1社とは1年以上交渉していた」が，その会社との交渉も含めて推進の支援をして欲しいという依頼も少なくありません。

　適切な期間で推進しないと，コア事業である本業への悪影響やノンコア事業の分離・売却という戦略の頓挫，案件の破談につながるおそれがあるのです。

プロジェクトが遅延，交渉が長期化して案件が頓挫！

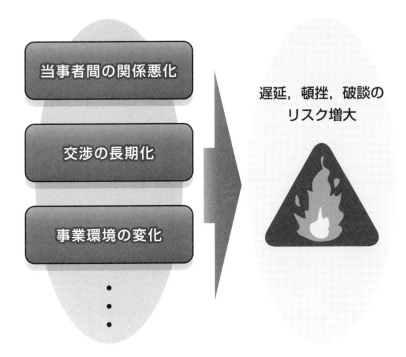

当事者間の関係悪化

交渉の長期化

事業環境の変化

遅延，頓挫，破談の
リスク増大

必要なタイミングで的確に選定・起用する
ことが重要

　アドバイザーを起用しないと，分離・売却プロジェクトが遅延したり，交渉が長期化して案件が頓挫したりするリスクについては前項で述べましたが，どのようにアドバイザーを選定・起用すればいいのでしょうか。

1．対象企業・事業の規模，種類，プロジェクト期間にあった選定・起用

　プロジェクトや案件の規模や種類に沿って，アドバイザーを起用することが現実的です。主たる視点は，①対象企業・事業の規模（売上・資産・従業員等），②案件の種類（国内，クロスボーダー），③プロジェクト完了までの期間が挙げられます。

　売上が数百億円の比較的規模が大きく，海外にも工場や現地法人がある場合やクロスボーダーの場合は，比較的早い段階からプロジェクトマネジメント，FAなどのアドバイザーに相談し，どのようなプロジェクト体制（社内，アドバイザー）が望ましいかも含め，助言を求めるのが望ましいといえます。いざ困ったときに，あるいは依頼しようとしたときに，想定していたアドバイザーが起用できないということもあります。秘密保持契約を締結し，検討初期の段階から相談するとアドバイザーも準備することができ，適切な支援を受けることが可能になります。

2．選定・起用の基準

　選定・起用の基準については，①分離・売却案件の豊富な経験（国内，クロスボーダー），②対象企業・事業の属するセクターに対する知見，③これまでのリレーション・関係性などになります。

　①の経験については，公表されている情報から実績を知ることもできますが，信頼されるネットワーク（金融機関，監査法人等）から紹介してもらうだけでなく，面談し実際の経験を直接聞くことが重要です。ケーススタディやワークシ

ョップを開催してもらい比較すれば，初めてであっても情報量，情報の細かさ，得意とする領域などの情報が得られます。

②についても，①と同じタイミングで実際の話を聞くことで，判別することができます。

最後に③ですが，分離・売却は限られたリソースで，内部の情報統制を行いながら実施するものであることはこれまで何度かお話ししました。したがって，新規のアドバイザーよりも社内やグループ事業のことをよく理解している既にリレーションのあるアドバイザー，機密性の高い案件を任せることができる信頼関係のある専門家を選定・起用することが何より重要になります。

必要なタイミングで的確に選定・起用することが大事

プロジェクト・案件

検討の視点
- ✓ 対象企業・事業規模
- ✓ 国内・クロスボーダー
- ✓ 期間

アドバイザー

選定・起用の視点
- ✓ 経験
- ✓ セクター
- ✓ リレーション・関係性

第4章

構想・計画への展開

4-1 構想・計画への展開とは？

プロジェクト組成からスタンドアロン対応，売却先候補の選定まで，具体的に推進を開始します！

　分離・売却戦略の策定に関し，主たる論点の検証や外部アドバイザーの起用について述べてきました。この段階でトップマネジメントや管掌役員，取締役会の承認を得て，実行を企図した構想・計画の検討に着手します。

1．プロジェクト組成

　これまでは経営企画部門など限られたメンバーで分離・売却戦略や主要論点の検討を重ねてきましたが，機関承認を得て，いよいよプロジェクトを組成します。実行計画を策定し実際に実行に関与する実務者を配員する必要がありますが，まだ計画段階であり情報統制の観点から，十分な配員が難しい場合があります。したがって社内で不足する専門領域には外部アドバイザーを起用します。

2．スタンドアロン課題対応

　対象企業・事業はグループおよび会社から分離されるため，スタンドアロン課題（独立した事業体としての経営に向けて対応が必要な課題）について解決策を検討し，実行計画に展開します。人事面，IT・オペレーション面，カーブアウト財務諸表作成などの各専門部門の実務者を配員し，課題の抽出・事務的対応の検討を行います。

3．税務，ストラクチャリング

　これまでも重要論点として検討してきましたが，戦略検討段階では社内の専門部署の参画を得られないことも多く，結果として対象企業・事業の税に係る情報は限定的といえます。本社の税務部門に協力を依頼し，組織再編に詳しい税理士を外部アドバイザーとして起用し，メインシナリオの税務面の影響調査，ストラクチャーに関する助言を受けます。

4．法　務

　税務と同様に，戦略検討段階では対象企業・事業の許認可・資格・契約など
の情報は主要なものに限られるため，今後は必要不可欠な検証を漏れなく行う
必要があります。必要に応じて弁護士を外部アドバイザーとして起用し，メイ
ンシナリオのストラクチャーに関し，法務面の助言を受けます。

5．買い手候補のスクリーニング・選定アプローチ

　策定した分離・売却計画は取締役会の承認を得て，売却プロセスへ移行しま
す。グループ内への売却などの場合を除き，多くの場合は，資本関係のない第
三者への売却となるため，フィナンシャルアドバイザー（FA）を起用し，買い
手候補のスクリーニングや選定アプローチの助言などのセルサイド・フィナン
シャルアドバイザリー業務を依頼します。

戦略を構想・計画に展開し，具体的に推進を開始します！

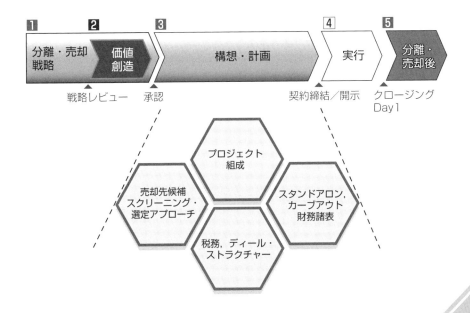

4-2 どのような体制で取り組むの？

**事業部門，本社専門部署の参画を得て，実行
計画を作成します！**

プロジェクトは，意思決定や重要事項の判断を下す「ステアリングコミッティ」，プロジェクト全体を管理し推進する「PMO: Project Management Office」，PMO の長であるプロジェクトリーダーの下，事業部門および本社の専門部署からなる「分科会」の構造で組成されることが一般的です。まず，ステアリングコミッティの長がプロジェクトリーダーを任命し，PMO を組織化することから開始されます。

1．ステアリングコミッティ

ステアリングコミッティは，トップマネジメントや管掌役員をその長に迎え，対象事業に関わる取締役などから構成されます。方針を PMO・分科会に示し，重要事項の意思決定，プロジェクトリソース・予算の決定を行います。

2．PMO・プロジェクトリーダー

プロジェクトリーダーは PMO メンバーを選定します。多くは数名で，戦略策定段階のメンバーや事業企画，経理・財務のメンバーから構成されます。PMO は必要な分科会を事業部門，専門部署とともに設定しプロジェクトを組織化します。PMO は分科会をとりまとめ，全体の実行計画の策定，管理を担います。また，コミュニケーション分科会をリードすることもあります。

3．分科会

分科会は，事業部門から配員されたメンバーが主としてリードする分科会と本社の専門部署から配員されたメンバーがリードするものから構成されます。前者は「事業企画」「購買」「物流」「営業・マーケティング」「生産」など，後者は「経理・財務」「人事」「税務」「法務」などで，「IT」については両者に係るため，本社 IT 部門がリードしつつ事業部門の IT 担当の関与も不可欠になりま

す。各分科会は PMO から示されるガイドラインの下，分離・売却戦略実行のための課題を実務的に検討し，事業上のリスクを減じ，必要な対応を講じるべくタスクを洗い出し，それぞれ実行計画を作成します。分科会間をまたがる課題やリスクは PMO に適宜適切にコミュニケーションし，事業運営上支障を来さない計画作成に積極的に関与します。

事業部門，本社専門部署の参画を得て，実行計画を作成します！

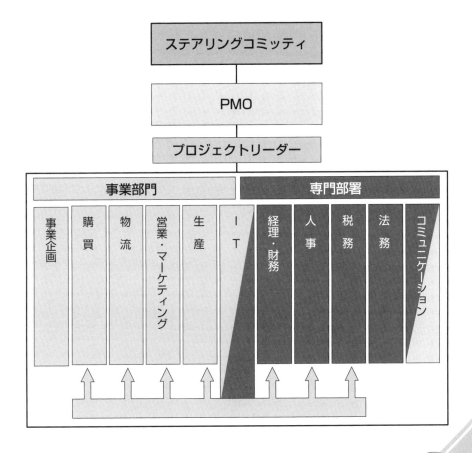

4-③ 買い手候補の調査はどう進めるの？

 セルサイド・フィナンシャルアドバイザー（FA）業務も開始します！

フィナンシャルアドバイザー（FA）を起用し，買い手候補の選定など売却プロセスを開始します。FA には，対象企業・事業が属するセクターに精通し経験豊富な外部アドバイザーを選定します。FA はステアリングコミッティ，PMO と連携し，買い手候補の選定を進めます。

1．スクリーニング

「3-5.分離・売却にあたってストーリーを描きます」の分離・売却シナリオで買い手候補を挙げましたが，その候補も含め，買い手候補の対象を広げたロングリストを作成します。買い手候補は，対象企業・事業と同じセクターの競合会社，バリューチェーンの上下流に位置するプレイヤーなどの事業会社である「ストラテジックバイヤー」と，プライベートエクイティ（PE）ファンドや商社などの「フィナンシャルバイヤー」とに大別されます。ストラテジックバイヤーについては，いくつかの候補は戦略段階で挙げられていることが多いですが，追加でバリューチェーンの上下や近接するセクターに属するプレイヤーを候補として挙げることもあります。また，フィナンシャルバイヤーについては，日頃からこれらプレイヤーの成長および投資戦略を分析したり，実際に関与したりしている FA の知見を活用し，候補を挙げることが効率的です。

2．選定アプローチ

FA のセクター知見やこれまでのセルサイド業務経験を活かした助言を受け，ロングリストから優先度をつけます。候補には，ストラテジックバイヤーの中からこれまで取引や関係のある特定の事業会社を優先したり，フィナンシャルバイヤーとして複数の PE ファンドも含めて優先する買い手候補を選定したりします。選定アプローチにあたっての優先度の評価軸は，売却後の姿（完全売却，JV の可能性）や戦略段階で調査した独禁法の影響，買い手候補の戦略

視点などから，FA の助言を受けて行います。

3．プロジェクトとの連携

　優先度の高い買い手候補を選定した後は，コンタクトすることになります。コンタクトにあたり，然るべき候補先へは一定の対象企業・事業の情報提供が必要になり，このときに対象企業・事業の情報をまとめたものをインフォメーション・メモランダム（IM）と言います。IM には対象企業・事業の概要，スコープ，想定しているスキームなどを記載します。

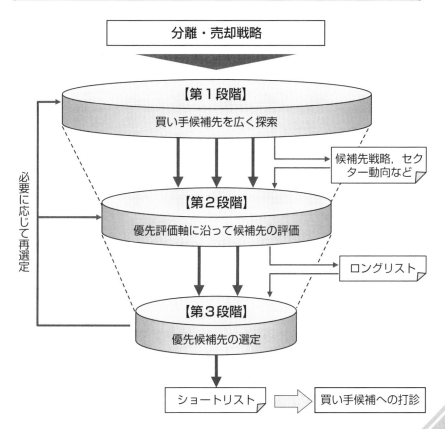

買い手候補のスクリーニング・選定アプローチ

4-4 分離・売却にあたっての法務面の影響確認はどう行うの？

 許認可・資格・契約など法務面から精査します！

戦略段階で法務面についての初期的調査を行っていますが，事業に必要となる重要な契約（顧客，仕入），資格，許認可を漏れなく新会社に移管できるように，計画段階で詳細に精査します。

主たる調査内容として，以下等が挙げられます。

> ⊙想定スキームに関し，会社法および会社法以外の手続き・所要期間の確認
> ⊙許認可・資格の継承の可否，および継承に必要な手続き
> ⊙取引先，得意先，金融機関，および IT に関する現状の契約内容の確認（特に，Change Of Control（COC）条項の確認）

仮に，これらの調査を実施せず，影響度を把握せずに必要な対応を怠ると，重要契約の継承について，取引先・得意先の同意が得られず，事業継続に支障を来したり，許認可・資格を新会社で取得し直すために，想定外の時間がかかり，その間，取引が中断して出荷・売上減，あるいは公共事業等の入札ができず，事業計画に影響を及ぼしかねません。

調査にあたっては本社法務部門がプロジェクトメンバーとして関与しますが，許認可・資格，および特許などの知財は事業に紐づくために本社では管理していない場合も多く，製造や調達などの事業部門から，現在関係当局から得ている許認可にはどのようなものがあり，また関係団体や得意先等から得ている資格はどのようにすれば継承できるかなど，状況を把握しているメンバーの配員が必要です。

契約についても IT に係る契約は本社 IT 部門で管理していて本社法務部門では詳細を把握していないこともあり，契約状況を理解し，継承可能かどうか実務的に対応できるメンバーを参画させる必要があります。

許認可・資格・契約など法務面から精査します！

	主要な論点	想定されるリスク・イシュー	アドバイザー起用領域
法務面	▶事業に必要となる重要な契約（顧客，仕入），許認可，知財を漏れなく，新会社に移管できるか？	▶重要契約の承継について，取引先の同意が得られず，事業継続に支障を来す ▶許認可，資格を新会社で取得し直すために，想定外の時間がかかり，スケジュールが遅延する ▶製造に不可欠な知財が承継されない，ライセンス料が上昇するなどの大きな影響が生じる	▶重要契約の COC 条項，特記事項の精査 ▶許認可，資格，知財承継に係る助言 ▶SPA，TSA などのドキュメンテーション

法務面の効率的な精査にあたっては，弁護士，司法書士などのアドバイザーの起用が有用であり，特に，重要契約の COC 条項（資本関係等の変更を禁止もしくは制限し，又はそれを解除事由とする条項（Change Of Control）），特記事項の精査や許認可・資格継承手続きに係る助言を受けることが，契約・許認可・資格を漏れなく継承・対応する観点から重要です。

　契約書確認については実務的に負荷のかかる作業であるため，もう少し解説を加えます。
　契約書確認作業では，事業上影響が大きい契約を優先的に確認し，資本関係等の変更により契約が解除となる条項等が存在しないか整理することが重要になります。

　対象企業の売却の場合で株式譲渡の場合や事業分離の場合で会社分割のスキームが選択される場合は，契約は原則，承継されるため，COC 条項がある契約について対応を主に検討することになります。COC 条項等が付された契約であっても事業上の重要性が必ずしも高くないものについては，特段事前に手当てを行わないこともあります。

以下の契約書（類型）についての COC 条項を確認する

1 資産（知的財産権以外）に関する契約

2 知的財産権に関する契約

3 仕入・販売に関する契約

4 資金調達に関する契約

5 合弁契約、業務提携契約等

6 外国法準拠の契約

7 その他特に重要な契約

4-5 分離・売却にあたっての税務面の影響確認はどう行うの？

税務は，トランザクション（分離・売却）時点，新会社の設立後の両面から精査します！

　税務については，対象企業・事業の分離・売却時と新会社の設立後にふさわしいストラクチャーの2点から精査することになります。

1．トランザクション（分離・売却）時点

　分離・売却時点でどのようなトランザクションコストが発生し，それを最少化するにはどうすればよいのかというのが主たる論点です。

　事業分離については，会社分割や事業譲渡などの手法の選択と不動産などの分離・移管対象の2つの要素から検討します。会社分割を選択する場合は，税制適格の要件に適合するか否かにより，事業の譲渡が簿価取引となるか時価取引となるか，税務処理が異なります。分離後に売却を行う場合は会社分割上，税制非適格になるため，時価取引になり，分割時の時価算定が実行時の対応課題となります。非適格時の取扱いや時価算定時の税務処理など実務的な助言をアドバイザー（税理士）から受けます。

　不動産などの分離・移管対象については，事業分離時に工場など事業所の土地・建物が移管される場合，新会社で不動産取得税，不動産登録免許税が発生します。これらのトランザクションコストは小さくない額のことが多く，税理士による試算・助言が必要です。

2．新会社設立後のコスト

　もう1つの面は，分離・売却後の新会社にとってより望ましい税務方針という論点です。これは売却先（買い手）の意向も絡むため，売り手だけでは決定できない要素ではありますが，ストラクチャー（資本体系），新会社の資本金などが検討課題になります。対象事業が複数の国・地域でオペレーションしていたり，対象企業の複数子会社が分離されたりする場合は，売り手としての意向として想定するストラクチャーを用意しておく必要があります。分離・売却後の

新会社の税務コストはリカーリング（繰り返し発生する）費用でありインパクトは小さくありません。これらについては，買い手との交渉過程で，税理士の助言を得て，合意・決定されます。

分離・売却時，新会社の設立後の両面から精査します！

	主要な論点	想定されるリスク・イシュー	アドバイザー起用領域
税務面	▶分離・売却に伴うトランザクション・コストを最少化するにはどうすればよいか？ ▶分離・売却後の新会社にとってより望ましいストラクチャーは何か？	▶分離・売却に際して，莫大な税金や費用（事業譲渡益に対する所得税や不動産関連税務コスト等）が発生する ▶分離・売却のストラクチャー，資本金などの要素によって，新会社の税負担に影響を及ぼす	▶トランザクションに係る税務アドバイス ▶ストラクチャーアドバイス

　前述したとおり，会社分割を実施する場合，組織再編税制上の税制適格と税制非適格のどちらに該当するかにより，税務上の取扱いが異なります。

　具体的には，組織再編成の実態に照らし，分離する事業に対する支配が継続していると認められる場合（すなわち、組織再編税制上の税制適格の要件を満たす場合）には，分離する事業がその帳簿価額のまま引き継がれ，譲渡損益の計上が繰り延べられることになります。

　適格組織再編成に該当した場合には，法人税法上，譲渡損益を発生させずに，資産・負債を簿価で移転します。一方，非適格組織再編成に該当した場合には，譲渡損益を発生させた上で，資産・負債を時価で移転することになるため，事業の分離を検討することとなった場合，税制適格又は非適格に該当するかを初期段階で確認することとなります。

　原則として，売却を前提とした事業分離は税制非適格となります。これは，事業譲渡が組織再編税制の対象外となっているためです。適格組織再編成に該当するためには，要件の1つである，「金銭等不交付要件」が課されていますが，事業譲渡においては，対価として金銭等を交付することが一般的であり，法人税法上，非適格組織再編成と同様の取扱いになるためです。

　ただし，分離後に分割法人（事業の分離元）を売却する見込みの場合には，事業の分離は適格に該当することがあり得ます。

　組織再編における税制適格要件は，①グループ内再編か，②グループ外企業との共同事業再編であるか，③スピンオフであるか，さらに①グループ内再編の場合は，100％グループ内であるか，50％超100％未満グループ内であるかにより，その要件が異なります。

　次ページ図表のとおり，満たすべき要件は①グループ内再編で100％グループ内の組織再編における要件が最少であり，②グループ外企業との共同事業再編，③スピンオフの場合の要件が最多となります。

会社分割等のスキームと税制適格要件の関係

適格・非適格の条件は下表

①グループ内組織再編		②グループ外企業との共同事業再編	③スピンオフ
完全支配関係 100% グループ内	支配関係 50%超100% 未満グループ内		
• 金銭等不交付要件 • 完全支配関係の継続要件	• 金銭等不交付要件 • 支配関係の継続要件 • 主要な資産・負債の移転 • 従業者引継要件 • 事業継続要件	• 金銭等不交付要件 • 株式継続保有要件 • 主要な資産・負債の移転 • 従業者引継要件 • 事業継続要件 • 事業規模要件または特定役員引継要件 • 事業関連性要件	• 金銭等不交付要件 • 非支配関係継続要件 • 主要な資産・負債の移転 • 従業者引継要件 • 事業継続要件 • 特定役員引継要件

分離・売却後に独立した組織体として事業運営を可能にするには，スタンドアロン課題への対応が不可欠！

　独立した組織体として持続的に事業運営を行うには，グループや対象事業が帰属していた会社から切り離されることで発生する課題を解決する必要があります。前章で説明したクリティカルな6つの領域における論点を整理・検討し，Day1および最終のオペレーティングモデルの検討結果をベースに，切り離されることでどのような課題が発生し，どう解決・解消していくかを検討します。

1．人　材

　人事に係るスタンドアロン課題としては，対象会社・事業に係る特にキーパーソン（事業のリーダー，運営に不可欠な従業員等）の流出，移管対象人員の移管拒否・退職の発生，移管対象人員の過不足，などがあります。

2．オペレーション・IT

　業務オペレーションに重大な支障を来す課題として，例えば，複数事業で使用されている設備や提供を受けているサービスがあり，分離に伴い，土地・建物・設備に関し，新規賃借契約や新たに外部からサービスを購入する必要があるときの，土地・建物・設備・サービスなどの調達があります。また，ITシステムにおいて，親会社の別事業と共同で業務システムを使用していたり，グループのIT会社から運用や保守のサービスを受けている場合に，それら運用や保守のサービスの確保が課題となります。

3．カーブアウト財務諸表

　人材，土地・建物・設備，ITシステムなどのスタンドアロン課題の解決の検討とともに，分離した対象企業・事業の状態を財務面で確認・検証する必要があります。そのためにカーブアウト財務諸表を作成します。カーブアウト財務

諸表は，これまでの分離・売却の戦略，計画検討の結果を前提条件として，まず過去分を作成します。できれば直前期だけなく前々期も含めた2〜3年分の作成が実態を把握する上で望ましいと言えます。

これらの3つのスタンドアロン課題について，それぞれ以降の項でさらに解説します。

独立した組織体として事業運営が可能な体制にする！

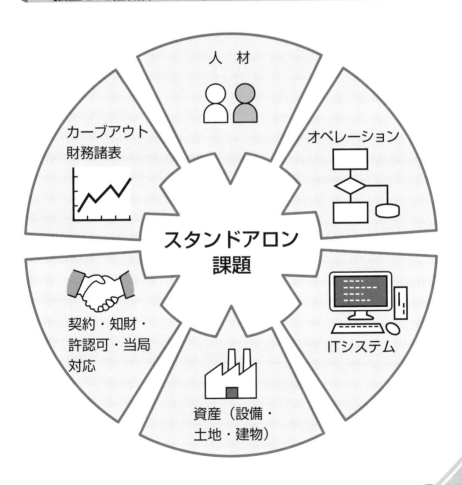

4-7 人事面のスタンドアロン課題 にはどう対応したらいいの？

人事面のスタンドアロン課題は，人材，給与・年金

人事に係るスタンドアロン課題としては，人材に係る「移管対象機能・人員」の課題，法令にも関係する「移管手続き」の問題，給与，年金や健康保険など移管における「新会社の人事制度」，給与計算などの「人事業務・人事システムの移管」が挙げられます。

1．移管対象機能・人員

移管対象事業の機能・業務とその人員を，円滑に新会社に移管することが必要です。事業のキーマンが退職してしまい，事業の継続に支障を来すことは回避しないといけません。また，対象事業へ間接的に従事する従業員の扱いをどうするかについても検討を行います。通常，対象事業への関与が他の事業や業務に比較し，過半を超えている場合は移管対象者に含まれます。このことは，次の移管手続きにも関わります。

2．移管手続き

法令を遵守して，移管対象者への説明など移管手続きを滞りなく行うことが求められます。分離・売却のスキームが会社分割や事業譲渡などかによっても移管手続きの内容が異なります。労働組合や従業員代表者への丁寧なコミュニケーション，分離・売却のスキームや新会社での処遇（不利益変更の場合）によっては個別同意手続きが求められます。手続きが不十分で従業員移管の適法性について訴訟を受けるなどの法務リスクもあり，弁護士などアドバイザーの助言を受けて進めることが望ましいです。

3．新会社の人事制度

新会社での人事制度（給与・年金・健康保険，その他福利厚生等）は移管対象者にとっては極めて重要な関心事になります。給与水準の維持，これまでの

年金積立の取扱い，新会社の年金制度，健康保険の新加入など売り手としての方針を検討します。福利厚生については全て現状と同一の維持は難しいため，維持・継続されるもの，されないものを明確にします。

4．人事業務・人事システムの移管

評価制度など人事制度の運用業務，給与計算業務，およびそれを司る勤怠，給与計算，人事情報管理などの人事システムについて，新会社に移管されるのか，一時的に業務提供が可能なのか，新会社で Day1 から新規構築すべきなのか，検討します。

人事課題への対応が不十分だと法務リスクも！

	主要な論点	想定されるリスク・イシュー	アドバイザー起用領域
人事面	▶移管対象事業のキーとなる機能・業務とその人員を円滑に，新会社に移管できるか? ▶法令を遵守して，移管手続きを滞りなく行えるか? ▶複数事業に従事する従業員の扱いをどうするか?	▶事業のキーマンが退職してしまい，事業の継続に支障を来す ▶従業員移管の適法性について訴訟を受ける	▶労働契約承継法の要対応事項に係る精査および助言

不利益変更を伴う従業員移管で気を付けるべきことは？

周到な計画と，きめ細やかな準備に基づく
丁寧なコミュニケーションが必要です

　分離・売却に伴い，移管対象の従業員の労働条件を現在よりも不利益な変更をする，つまり不利益変更を行う場合，移管対象従業員全員の同意や，労働組合の合意を取る必要があり，実施には留意が必要です。

　仮に移管対象従業員全員からの同意や，労働組合の合意を取ったとしても，従業員のモチベーションや帰属意識が低下してしまった場合，生産性の低下などによる，業務継続に対する懸念が発生します。不利益変更の実施を伴う従業員移管には，周到な計画および準備により，丁寧な従業員への説明や，労働組合との協議が重要になります。

　不利益変更に該当する労働条件の変更には，賃金，役職手当，賞与，休日制度，労働時間，福利厚生制度，退職金制度，懲戒事由などがあり，それら変更が不利益変更に該当するか否かについて，外部アドバイザーに助言を仰ぐことも有用です。

　実際の不利益変更を伴う従業員移管を行う場合の手順は以下です。

> ⊙就業規則の変更方針・内容を検討し，決める
> ⊙従業員への説明，労働組合との協議を行う
> ⊙同意書の作成，労働協約の締結
> ⊙就業規則を変更し，労働基準監督署へ届け出る
> ⊙就業規則の変更を周知する

　従業員への説明，労働組合との協議にあたり，就業規則の変更方針・内容の検討段階から，従業員への説明を行うことになる現場の責任者を巻き込んで議論を進めていき，変更方針・内容に対する理解を促すと同時に，分離・売却の推進側の立場に立って，従業員への説明を実施してもらうことが重要です。

周到な計画ときめ細やかな準備，丁寧な コミュニケーションが必要です！

不利益変更を受ける全ての対象従業員の同意が必要

（労働組合の組合員については，労働組合
と協約を締結した場合，個別同意は不要）

労働組合

労働組合
非組合員

アプリケーション，データ，ハードウェア，
ネットワークの観点から検証！

　ITシステムは業務を行う上で欠かせないものであり，分離後の新会社でも引き続き，業務を継続するためにどのような対応，準備をすべきか，ITシステムのスタンドアロン課題対応は重要です。

1．対象ITシステム，IT資産，IT契約のリストアップ

　対象企業がグループから離れたり，事業が親会社から分離する際に，①独立していて問題ない，②共通利用されているが分離が可能，③分離ができない，に分けてリストアップします。対象は，会計システムや給与計算システムなどのアプリケーションやマーケティング分析などのツール，それらの上で動いているデータ，サーバーやパソコンなどのハードウェアやネットワーク，並びにこれらに係る外部ベンダーとの契約が調査の対象になります。

　独立して運営されていて，対象企業や事業が所有者であるものは移管がスムーズですが，共通利用されていて業務提供を受けているものは，分離後一時的に業務・サービス提供を受けることが可能か，あるいはセキュリティ上の理由や分離作業に多大なコストが想定されるなど利用が実質的に不可能か，検討し分類します。分離後の利用については，契約面からもチェックします。別会社のライセンスの利用に制限が掛かっていたり，同じロイヤリティ料率の維持が難しかったりするなど，確認が必要です。分離後一時的に業務・サービス提供するITシステムやIT資産は業務委託契約（TSA：Transition Service Agreement）の対象になります。

2．分離時（Day1）の対応方針

　上記のリストアップ結果を基に，1）対象企業・事業に移管されるもの，2）TSAで対応可能なもの，3）新規に購入・構築するものに分け，それぞれ対応策を決定し，分離時（Day1）の対応方針とします。対応方針の決定には，共通

システム・資産が漏れなく特定され，TSA としての提供対象と，それらの現状のコストが明確になっていること，実際に TSA として提供する場合の想定期間とその間のリソースは確保されているかなどの確認も重要です。これをしないと TSA の期間が延長し，イレギュラーな業務対応を余儀なくされ，通常業務に支障を来す恐れがあります。

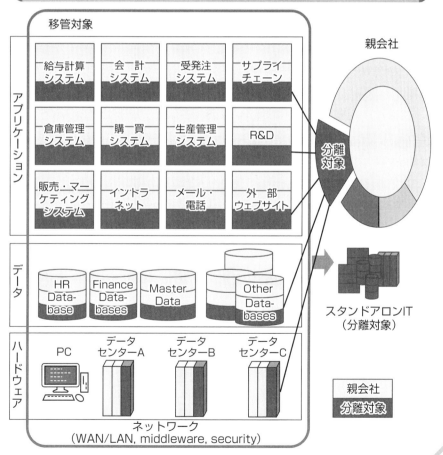

アプリケーション・データ・ハードウェア・ネットワークの観点から検証！

移管対象

アプリケーション
- 給与計算システム
- 会計システム
- 受発注システム
- サプライチェーン
- 倉庫管理システム
- 購買システム
- 生産管理システム
- R&D
- 販売・マーケティングシステム
- イントラネット
- メール・電話
- 外部ウェブサイト

親会社

分離対象

データ
- HR Database
- Finance Databases
- Master Data
- Other Databases

スタンドアロンIT（分離対象）

ハードウェア
- PC
- データセンターA
- データセンターB
- データセンターC

親会社 / 分離対象

ネットワーク
(WAN/LAN, middleware, security)

4-10 分離・売却後の財務諸表とは？

カーブアウト財務諸表は管理会計情報を基に，
分離対象の事業部分を切り出して作成する

　分離・売却戦略やこれまでに見てきた各領域のスタンドアロン課題の対応方針・検討結果などを基に，財務面での確認・検証を行うために作成するのがカーブアウト財務諸表です。

1．カーブアウト財務諸表とは

　一般的には，管理会計情報を基に，分離対象の事業部分を切り出して作成されます。「商流」「移管組織・部門」「対象者」「移管資産・負債」「移管契約・知財」などの情報を基に，対象事業が切り出され単独会社の状態になったときの損益計算書（PL），貸借対照表（BS）を試算します。

　勘定科目や明細ごとに，対象事業に直課できるもの，一部紐づけられるもの，複数事業に共通だが，何らかの基準で按分できるもの，共通費用であるが按分が難しいもの，対象事業とは関係のないものを丹念に精査し分類します。

　分類で難しいものには，例えば，PL科目では，販売管理費の本社配賦費用は売上基準などで分類されているものの対象事業と関連がない部門費用が含まれていたり，減価償却費用について対象事業が使用していない固定資産も負担していたりするものがあります。このような場合には，金額が大きいものは精査して除外します。

　BS科目では，売掛金の流動資産，建物や設備の固定資産は一定の基準を設け，分離可能であることが多いのに対し，短期・長期の借入金の負債は分離が難しい科目になります。実態に即した基準を設定し，分離・作成します。

2．カーブアウト財務諸表の作成フロー

　まずは過去分の監査済み財務諸表と整合している内部管理会計情報を出発点とし，分離・売却戦略・方針に基づく調整として，対象事業に関わる特定・調整，スタンドアロンコスト調整，一時発生コスト調整を加えていきます。スタン

ドアロンコストについては次項でより詳細に述べます。これらの調整には，分離後のオペレーション面における考慮，残存事業としてのその他事業との依存関係に係る調整も加えていきます。分離後に新会社から親会社が業務提供を逆に受ける逆業務委託（RTSA：Reverse Transition Service Agreement）も含まれることがあります。

カーブアウト財務諸表の作成は難しい！

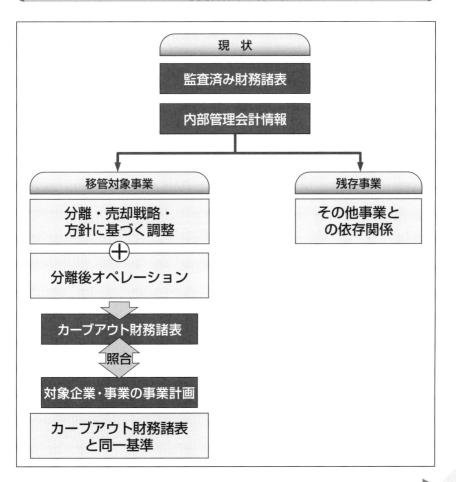

3．カーブアウト財務諸表の作成方針

多くの企業では，管理会計単位（事業部別等）別に損益計算書（PL）を作成していますが，分離・売却対象事業の単位や区分でPLを作成していないこともあります。

さらに，貸借対照表（BS）に関しては，従来から管理会計単位でも一定の精度で作成していない場合も多くあります。

そのため，カーブアウトPLの作成に際しては，分離・売却対象事業を包含する管理会計単位のPLを母集団とし，分離対象の取引を抽出し，各種調整を加えて作成を行います。

カーブアウトBSの作成に際しては，対象事業が所属する事業部や事業所に係る棚卸資産や固定資産，流動負債等を抽出し，それ以外に不足のある勘定を加える等の各種調整を行います。

上記の通り，特にカーブアウトBSは新たに作成することが多く，まずは対象事業へ直接紐づけ可能な金額を特定し，紐づけできない金額は適切な配賦率等を設定して配分するステップを踏みます。

最初のステップでは，対象事業に台帳や個別勘定等から直接紐づけ可能な金額を抽出・積み上げて計上します。

次のステップでは，面積比・人員比等の適切な配賦率を設定して各社へ配分計算して対象事業に配賦します。

最後に，残りの金額の配賦は，対象事業へ配賦された金額の残高比等で配分します。

カーブアウト財務諸表の例

カーブアウト財務諸表B/S

←─ ステップ1 ─→ ←─ ステップ2 ─→ ←─ ステップ3 ─→

ステップ1	ステップ2	ステップ3
対象事業へ紐づけ可能な金額を紐づけ計上	配賦基準を設定して配分計算	未配分額を対象事業の残高比で配分

単位：百万円

#	科目		現状	配賦先			配賦先			ステップ3での残額の配分額		最終計上額	
	大分類	中分類		対象事業	残存事業	本社	対象事業	残存事業	本社	対象事業	残存事業	対象事業	残存事業＋本社
1	流動資産	現金及び預金											
2		売掛金											
3		商品及び製品											
4		仕掛品											
5		原材料及び貯蔵庫											
6		前渡金											
7		前払費用											
8		短期貸付金											
9		未収入金											
10		その他											
11		その他貸倒引当金											
12	固定資産	建物											
13		構築物											
14		土地											
15		建設仮勘定											
16		その他											
17	投資その他の資産	投資有価証券											

4-11 分離・売却後の財務諸表 （スタンドアロンコストの試算）

本社共通費等の配賦費用はスタンドアロンコストとして試算する！

　分離・売却の対象企業・事業に対しては，本社共通費等は配賦費用として管理会計上，売上比などの基準に則して，企業や事業に賦課されていますが，実態を表わしたものではなく簡便基準のため，過剰あるいは過少になっています。したがって，配賦費用の明細を分析し，分離・売却後の新会社にとって必要な機能・費用に絞って不要なコストは排除し，新会社単独で設置・利用するコストを試算します。

　試算方法には，管理部門など新たに設置が必要な人数や外部委託（アウトソース）する場合の業者見積りから試算する「積み上げ方式」と同業や同規模事業者などのコスト指標を基にする「ベンチマーク方式」とがあります。

　上記のように新会社にて恒常的に発生するスタンドアロンコストの他に，新会社設立時に一時的に発生するコストがあります。これらも新会社設立に必要なコストとして，スタンドアロンコストに含めます。

領域	スタンドアロンコスト例	分類
IT	ITインフラ（サーバーやネットワークなどの購入・設置・開設）	一時
	アプリケーション購入，外部ベンダー費用	一時
	新規購入アプリケーションのロイヤリティ	恒常
HR	給与計算業務の外部委託費用	恒常
	補充要員の新規採用コスト，キーとなる従業員のリテンションコスト	一時

会計	会計システムの構築/移管費用	一時
	新会社の監査費用	恒常
税務	組織再編コスト（不動産取得税，登録免許税など）	一時
法務	会社設立登記費用，商標・特許等の登録費用	一時
不動産	門扉・塀の設置等物理的分離費用，入館・セキュリティ費用，オフィス移転	一時
	新規移転オフィスの賃料	恒常

本社共通費等の配賦費はスタンドアロンコストとして試算する！

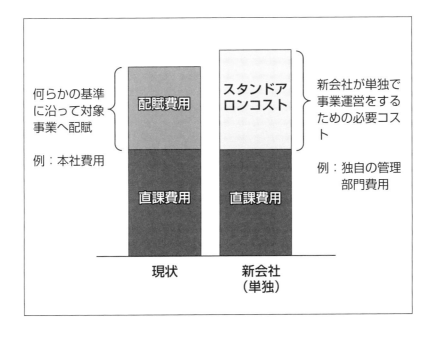

4-12 分離・売却を見据えた事業計画をどう作成するの？

カーブアウト財務諸表と同一基準で事業計画を作成します！

1．従来の作成基準の変更項目を整理し事業計画の作成基準を確認

　カーブアウト財務諸表として作成した過去分の損益計算書（PL），貸借対照表（BS）と同一基準で分離・売却後の新会社の事業計画を作成します。計画の前提として，カーブアウト財務諸表作成時に使用した前提条件，勘定科目の分割方針，明細ごとの配賦基準を使用し，当該年度を含み向こう3～5年の事業計画を検討します。

2．スタンドアロンコストの調整

　前項で説明したスタンドアロンコストを加算します。加算にあたっては，成長戦略による事業拡大，ある製品群の製造停止，IT システム切替・更新などの将来変数によるスタンドアロンコスト項目の影響も考慮し，年度ごとに展開します。

3．収益改善策の検討

　従来の事業計画をカーブアウト財務諸表基準に沿って作成するだけでなく，分離・売却後の新会社の価値向上に資する収益改善策を検討し反映します。過去に対し分析し作成したカーブアウト財務諸表の収益性が想定以上に低いことが判明したり，売却を想定し価値が高まりにくいと懸念されたりすることがあります。したがって，今後の売却プロセスを考慮し，取り得る収益改善策を検討し売り手としての価値向上策を示す必要があります。

　収益改善策の検討アプローチは大別して2つあり，1つは，これまで親会社傘下の一事業では実行が難しかった人事上の施策やアウトソーシングの活用，オペレーションの変更などを丹念に検討する「積み上げ方式」。もう1つは，外部のアドバイザーを起用して，比較対象会社を選定，コスト構造等のベンチマー

キングを行って，コスト削減余地の特定，収益改善策を立案する「トップダウン方式」です。具体的な内容については5の項目で解説します。

4．事業計画案の作成とバリュエーションモデルへ

　新会社の事業計画案を作成するにあたり，何度か結果とその修正のフィードバックを繰り返しながら作成を進めます。またこの事業計画案はバリュエーションモデルの基となります。このモデルを使い，売り手として対象企業・事業の価値を算定し，売り手との交渉に備えます。

カーブアウト財務諸表と同一基準で事業計画を作成

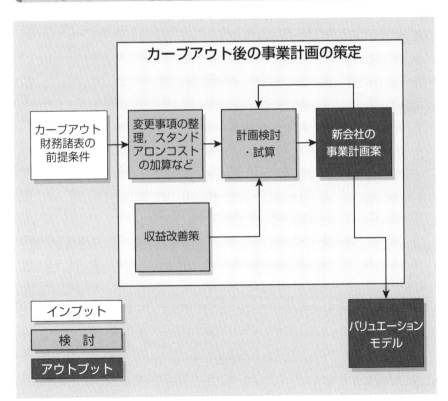

５．収益改善ドライバー

収益改善策は分離・売却時からの取り組みが，売却時の事業価値を向上させ，新会社としての成長，事業計画に大きなインパクトを与えます。

改善機会は，具体的には製品マージンの改善，直接費，間接費，組織コストの削減になります。機会の特定には，影響を与えるドライバーの観点から検討・抽出を行います。具体的には以下が領域とそれぞれのドライバーになります。

領　域	ドライバー例
1．戦略見直し	マーケット，対競合 事業開発力，イノベーション バリュープロポジション，ビジネスモデル
2．売上拡大	製品別収益性分析，製品構成 地域別収益性分析 新市場参入 営業部門最適化・効率化
3．製品マージン・直接費の最適化	直接材調達・サプライヤー交渉 製品マージン見直し 生産拠点見直し サプライチェーン見直し
4．間接費・販売費及び一般管理費の最適化	組織・部門のスリム化 間接材調達・サプライヤー交渉 業務プロセスの再設計
5．資本政策・資金調達コストの最適化	調達手段の見直し 債権者との交渉 CMS（キャッシュマネジメントシステム）導入 増資
6．運転資本の最適化	キャッシュフローマネジメント Order to Cash（売上債権プロセス）見直し Forecast to Fulfill（在庫プロセス）見直し Procure to Pay（買上債権プロセス）見直し
7．アセットマネジメント	製品・サービスの構成の見直し 製品・サービスの切り出し／外部委託

収益改善策の取り組み

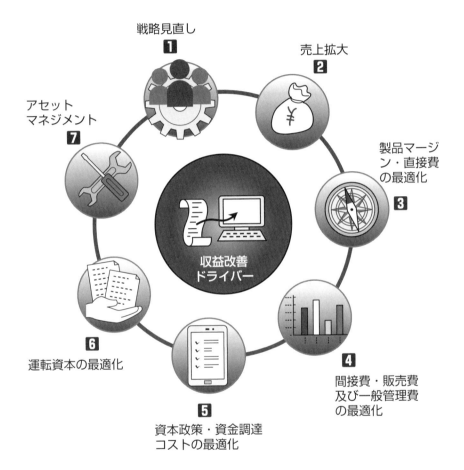

第三者のアドバイザーを起用しプロセスマネジメントを行います！

　分離の実行計画が策定された後は，買い手候補側と交渉を進める売却プロセスに移行します。売却完了までの長期期間を円滑に進行させるプロセス管理，買い手候補との交渉，弁護士など外部アドバイザーを含む関係者の全体管理など，専門性の高いマネジメントが求められるため，第三者のフィナンシャルアドバイザー（FA）を起用して進めます。

1．交渉戦略の立案

　買い手候補が1社の場合の相対プロセス，あるいは複数候補者の入札プロセスなどの案件全体戦略について，「ブレイク事項の事前対策分析」「プライシング，ストラクチャリング」「交渉で想定される論点整理」などを行います。並行して，Teaserという照会メモを作成し，買い手候補に送付します。関心を示した先とは秘密保持契約書（NDA）を結びます。

2．事業計画の精査

　評価のベースにもなる事業計画の売却という側面や買い手候補の目線や交渉の観点から分析します。

3．譲渡スキーム

　これまで検討してきた税務・法務などのスキーム検討に必要な情報を基に，譲渡スキームを選定します。事業計画の精査，譲渡スキームが決定した後，案件に関する情報パッケージ（Information Memorandum：IM）を作成します。NDAを締結した買い手候補にIMを送付し，拘束性のない価格や条件を提示してもらいます。

4．デューディリジェンスの実施

　提示内容に基づき，デューディリジェンス（DD）に進む買い手候補を絞りま

す。DD では，必要な情報の提供とともに，マネジメントインタビュー，実務者インタビュー，実地視察等を行います。DD 終了後に，買い手候補から拘束性のある価格や条件提示を受け，最終交渉者を決定します。

5．ドキュメンテーション

最終交渉者との契約交渉に移り，株式譲渡契約書などの最終契約書を締結します。締結にあたっては FA および弁護士などから最終契約書を含む各種資料のレビュー・助言を受けます。また，IR や外部アナウンスメント資料も準備し，契約締結後に開示します。

6．クロージング

最終契約書に規定するクロージング条件の充足，確認を行い，弁護士と協働し，クロージング手続きの実施・完了を行います。

> ## 第三者のアドバイザーを起用しプロセスマネジメントを行います！

1	交渉戦略の立案
2	事業計画の精査
3	譲渡スキームの検討
4	デューディリジェンス
5	ドキュメンテーション
6	クロージング
7	TSA期間の終了

買い手候補にどうアプローチするの？

構想・計画段階で検討した買い手候補のショートリストを基に，社内リレーションや起用したフィナンシャルアドバイザー（FA）から買い手候補にアプローチします。

1．Teaser の作成

アプローチにあたっては，案件紹介情報のメモ（Teaser）を作成し，ショートリスト先へ送付します。Teaser には，売却対象企業・事業について特定できない程度にセクター・事業，売上，利益等をまとめ，案件に関心があるかどうかを打診します。

2．Teaser を送付し，関心度を確認，NDA を締結

打診した買い手候補が関心を持った場合，速やかに機密保持契約書（NDA）を送付し，締結を促します。

3．インフォメーション・メモランダム（IM）の開示

NDA 締結後，より詳細な情報を開示します。具体的には，インフォメーション・メモランダム（IM）を作成します。IM は売却対象企業・事業に関する情報を詳細に記載した資料であり，関心を示した買い手候補側は記載されている情報に基づいて対象企業・事業の評価を行い，交渉の次のステップに進むべきかの判断を行います。IM は，起用したフィナンシャルアドバイザー（FA）が作成します。IM に記載される内容としては，会社の沿革，会社概要，過去の財務諸表とその内訳や分析，市場環境の分析，将来の事業計画などになります。開示する情報の範囲，詳細度は FA の助言・交渉戦略によって決めますが，基本的に買い手候補の関心や意思決定に強く影響を与える情報を中心に開示します。IM 送付時には，当該案件の一連のプロセスを記載したプロセスレターも送付します。

4．一次入札

　買い手候補から拘束性のない価格・条件などの提示を受けます。IM を提供した買い手候補側が開示されたデータの正確性を確認する必要があり，不明点やさらなる情報開示の要請が売り手の FA を通じて伝えられます。これらの確認や要請に対して誠実に応じることで，対象企業・事業の理解や相互の信頼関係が醸成され，次のステップに進む可能性が高まります。一次入札の結果，次のデューディリジェンスの段階に進む買い手候補を選定します。

「Teaser」「NDA」「IM」を用意，デューディリジェンスへ進む候補を選定

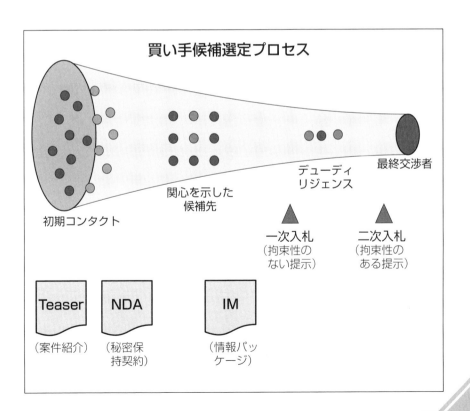

買い手候補選定プロセス

情報提供，マネジメントインタビューなどを
通じ，最終交渉者を選定します！

　一次入札の結果から，売り手の戦略・方針により合致した相手を数社に絞り
込み，次のデューディリジェンスの段階に進む買い手候補を選定し，フィナン
シャルアドバイザー（FA）を通じ通知します。

1．デューディリジェンス

1）買い手候補の要請に応じた情報提供

　買い手候補は買い手候補自身が起用した外部アドバイザーを通じ，情報提供
リクエストリスト（Information Request List：IRL）を提出します。売り手
側は情報開示の置き場所としてバーチャルデータルーム（Virtual Data
Room：VDR）を設置し，VDRへ情報を格納することで情報提供を行います。
格納された情報は買い手候補にとって必ずしも十分でなかったり，不明な点が
あったりするため，情報提供要請に加えて追加で質問を行うQ&A手続きを行
います。複数の買い手候補がいる場合は，売り手が全ての質問に回答できない
ため，質問数を制限することもあります。

2）マネジメントインタビュー，実務者インタビュー，実査

　売り手側からの積極的な情報開示として，案件概要や対象企業・事業の将来
性・成長性を売り手側の経営者がプレゼンテーションする一方，買い手側から
の質問に直接答えます。買い手にとっては，文書などでは把握しにくい経営課
題や各種リスクなど全般的な事項を直接ヒアリングする場になります。マネジ
メントインタビューに続いて，人事やITなど各領域の質問事項に対しては，売
り手側の実務者がインタビューに応じます。

　インタビューアポイントの調整，買い手候補から事前に質問を受け付けて当
日の回答漏れを回避すること，インタビュー実施場所などのロジスティクス手
配などは手間のかかる重要なDDプロセスの業務であり，FAを通じ誠実に対

応します。工場などの現地視察は事情を知らない従業員への秘密保持に気を付けて実施します。最近は予めビデオ撮影されたものをリモート環境で投影し実査の代替にするなどの工夫も見られます。

２．最終交渉者の決定

買い手候補者には DD 終了後に，拘束性のある提示を求めます。これが最終意向表明書であり，同時に，事前に売り手側が作成し送付した株式譲渡契約書の修正（マークアップと言う）版も提出してもらいます。これらの拘束性のある提案情報を基に，最終交渉者を選定します。決定にあたっては社内意思決定プロセスに則り，取締役会等の必要な機関決定を行います。

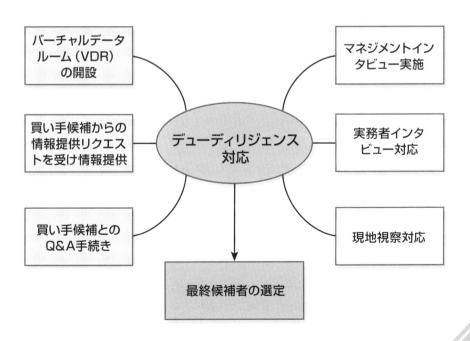

情報提供，マネジメントインタビューなどを通じ，
最終交渉者を選定

最終交渉者と契約内容を詰め，締結に
向かいます！

　最終交渉者を決定し，提出された拘束性のある提案情報を基に，契約内容を
詰め，締結に向けた交渉の最終段階になります。交渉に先立って，基本合意書
や覚書（Letter of Intent：LOI）を結ぶ場合もあります。LOI は最終的な約定
前に，基本的な事項に対する合意を定めたもので，独占交渉権など具体的な内
容を規定する場合もあれば，意思確認に留まる場合もあります。

1．最終契約の締結

　最終契約書はよく Definitive Agreement（DA）と言われます。具体的には，
スキームによって株式譲渡契約や事業譲渡契約になります。LOI が交渉経過の
確認や中間的な合意を定めたものであるのに対して，DA は交渉当事者間にお
ける最終的な合意内容を記した契約書となり，買収・譲渡対象範囲，ストラク
チャー，表明保証，コベナンツ，クロージング実行の前提条件，補償等の条項に
より構成されます。場合によってはクロージング後の買い手と売り手の義務が
記載されることもあります。

2．最終契約時に締結される他の契約

　分離・売却において，最終合意段階で締結される契約は他に，TSA（Tran-
sition Service Agreement）および，TSA にて取り決められた業務を具体的
に委託するための業務委託契約があります。 売り手が TSA として，売却後も
一定の期間継続して提供すべき業務・サービスが多岐にわたるような場合は，
最終譲渡契約時に規定し尽くせないこともあります。その場合は，DA ではター
ムシートとして対応し，別途 TSA を締結するのも一般的です。タームシートと
は，TSA 業務の範囲やサービスレベルなどの主要条件を記したものであり，
TSA 締結のベースになります。

3．買い手の意向への対応

　最終交渉者である買い手の意向をどこまで最終契約や TSA などに反映する
かなど，最終局面で交渉により多々追加や変更が生じるのが一般的です。譲渡
資産の範囲や国・地域による譲渡タイミングの変更，TSA 範囲の付加や削除な
ど，柔軟かつ誠実な対応が求められます。そのためには，付加・変更の影響度
と対応可否を迅速に検討し回答を出す分離・売却プロジェクトのバックアップ
体制が重要になります。

最終交渉者と最終契約を詰めます！

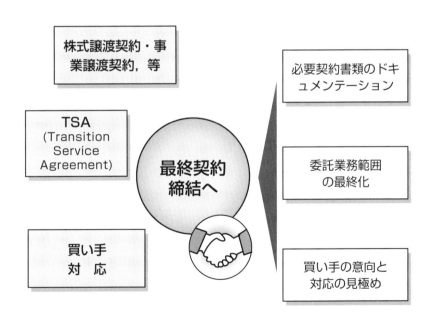

～ストラテジックバイヤーとフィナンシャルバイヤーの違い～

　ここでは，4-3.で出てきた買い手の候補となり得る「ストラテジックバイヤー」と「フィナンシャルバイヤー」についてもう少し掘り下げます。

　ストラテジックバイヤーは対象企業・事業と同じセクターの事業会社やバリューチェーンの上下流に位置する事業会社を指し，事業拡大・事業強化のためのシナジー効果を実現することを目的として買収を行います。

　一方，フィナンシャルバイヤーはPEファンドや商社など，対象会社・事業に対し経営助言を行うことにより事業を効率化し，対象会社・事業の価値を向上させた上で，5〜10年程度の期間で売却することを目的として買収を行うプレイヤーを指します。

　このようなプレイヤーの特性や最終的な買収の目的などの違いから，対象会社・事業の売却に向けた戦略策定において検討すべき要件が異なってきます。まず，対象会社・事業のDay1後の事業継続（BAU：Business As Usual）の観点からの違いの例を見てみましょう。

　Day1後に対象会社・事業の全ての業務が実行できるようにするためには，業務オペレーション，ITシステム・インフラ等が分離・売却後も適切に稼働することが必要になります。

　Day1後の業務オペレーション，ITシステム・インフラについて，買い手候補がストラテジックバイヤーの場合，買い手候補自身で業務オペレーションやITシステム・インフラを有しており，買い手候補の業務オペレーション・ITシステム・インフラをDay1後に利用することを選択肢として加えることができるメリットがあります。

　一方でフィナンシャルバイヤーの場合には，こうした業務オペレーション・ITシステム・インフラを有していないため，対象会社・事業がDay1までにこれらを準備する必要があります。

また，対象会社・事業の従業員に与える印象という観点でも差異が生じます。ストラテジックバイヤーの場合には，競合他社へ移ることになるため，それを嫌がる従業員が出てくる可能性があったり，一方でフィナンシャルバイヤーでは，大胆なリストラクチャリングが行われる可能性を不安に思う従業員が出る可能性があったりします。

　従業員のリテンションの観点からその不安や不満を予測し，Day1後の処遇について買い手候補と条件をすり合わせた上で，従業員に対して丁寧にコミュニケーションを実施することが重要になります。

第 5 章

いよいよ実行です！

5-1 分離・売却の実行とは？

いよいよ実行です。遅滞なく進めることが重要！

買い手との最終契約の内容を踏まえ，分離・売却を進める段階です。

1．推進体制の構築

分離・売却計画を策定時のプロジェクトのメンバーを増強し，実行に着手します。買い手が最終決定されるまでの売却プロセス中は，まだ限られたメンバーで分離・売却計画の検討を進めることも多く，最終契約締結の開示後に，実務者を参画させます。

2．Day1 オペレーティングモデルの確定

最終契約内容を踏まえ，Day1 のオペレーションを確定します。分離・売却計画では十分詰め切れていない実務上の課題，買い手の意向・統合方針により新たに対応が求められる事項などを検討し，TSA を含めた Day1 のオペレーティングモデルを最終確定します。

3．プロセス，資産，従業員，IT，契約等の移管開始

確定させた Day1 オペレーティングモデルを基に分離・移管を進めます。例えば，「資産移管」の実行に伴う会計・税務・契約上の対応，「契約移管」の契約相手先への事前通知や事前の契約更改の対応，「IT」の分離・移管については，ライセンスや運用を委託する外部業者との契約面の対応，サーバーやネットワークの物理的分離・データ移行作業への対応などになります。

4．TSA 提供体制構築

売り手は TSA で決定した業務・サービスレベルを確実に提供できる体制の構築を進めます。これまでと同様に業務提供すればよいと考えがちですが，第三者の会社との業務委託契約に基づくため，通常，担当部署には業務負荷が生じます。決められたタイミングで業務提供できる体制を用意する必要があります。

５．法務対応

　上記の移管業務やTSA提供体制構築で発生する実務上の課題について，最終契約に則した対応をする必要があります。法務面で逸脱した対応になっていないかの確認とガイダンスの提供，不足の部分は詳細を詰め，ドキュメンテーションなどリーガル対応を図る必要があります。

６．財務分離，税務対応

　分離作業の実行に伴う会計的な課題の抽出とその対応，資産移管などのトランザクションに対する税務対応，商流変更に伴う税務面の検証，課題への対応などを行います。この時点でPPA（Purchase Price Allocation）の準備を開始する場合もあります。

７．Day1 レディネスアセスメント，Day1 組織体制・手続き完了

　最後に，Day1を無事迎えられるかの最終判定（レディネスアセスメント）を行い，Day1の組織体制・手続きを完了させます。

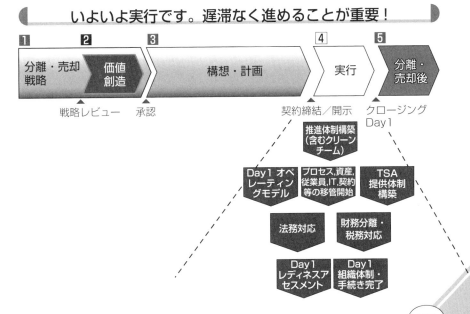

いよいよ実行です。遅滞なく進めることが重要！

> 👆 コミュニケーションの成功は「いつ」「誰に」が重要！

　コミュニケーションの成功は，情報をタイムリーに提供し，事業運営への影響を最小限に抑え，従業員や顧客などの利害関係者に本件の理解と適応を促すことにつながります。そのためには，情報伝達のタイミングと対象者の2つの観点が重要です。

1．コミュニケーションのタイミング

1）コミュニケーションプラン

　分離・売却については，最終契約後に社内外に開示されるのが一般的であるため，最終契約締結前に予めコミュニケーションプランを策定します。具体的には，責任者の設定や伝えるべきメッセージの方針とコンテンツの作成，説明会やタウンホールミーティング開催などの伝達方法の検討になります。

2）クロージング（Day1）に向けたコミュニケーション

　最終契約後のアナウンスだけでなく，Day1に向け継続的にコミュニケーションを行います。決定した事項などアナウンス時に情報伝達できなかった事項，対象者からの質問／問い合わせへの回答など，双方向で効果的なコミュニケーションを行います。

3）クロージング（Day1）後のコミュニケーション

　クロージング後は，新会社設立，買い手との統合・連携など進捗に係る統一的な情報発信を実施し，問い合わせや課題のエスカレーションに対応するプロセスの構築と運用を新会社として行っていきます。

2．コミュニケーションの対象者

　アナウンス・コミュニケーションの対象者は，主に「得意先」「取引先」「従業員」「株主」になります。

　「得意先」に対しては，これまで通り品質やサービスレベルを低下させることなくニーズに応えていくことを強調し，重要度や効率性を考慮し，コミュニケーションの方法を選択します。方法としては，インターネットサイトへの情報掲示，挨拶状・レターの送付，担当営業員の訪問などが挙げられます。

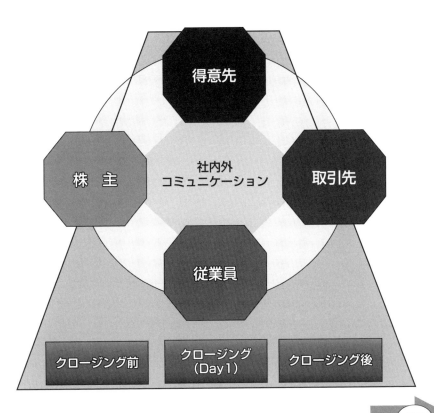

コミュニケーションの成功は分離・売却の「実行」の成功に不可欠！

　「取引先」には，取引関係とサプライチェーンに係る変更点を COC 条項への対応の有無を確認し通知します。方法は，挨拶状・レターの送付，購買担当者の訪問，説明会の開催などがあります。

　「従業員」に対しては，処遇と役割・責任に対する疑問にタイムリーかつ真摯に対応します。専用サイトでの定期的な情報発信や説明会の実施，上位者による個別面談の実施などを組み合わせ，実施します。対象会社に親会社から出向している社員に対しては出向継続や転籍など今後の雇用形態について丁寧な説明が求められます。

　「株主」に対しては，本件の目的を明示的に伝達するとともに，継続的に経過を報告します。プレスリリースの実施，IR ドキュメント・イベントでの言及などが挙げられます。

　少数株主が存在する場合は反対株主からの株式の買い取りなど，コミュニケーションというより交渉事項になります。事業継続性のためのコミュニケーション対応という点では，「得意先」「取引先」「従業員」が対象になります。

　異なる利害関係者へのコミュニケーションは，異なる部門から行うことになります。従業員へは人事部門から，得意先には営業部門から，取引先には調達部門や総務部門から，金融機関には経理財務部門からとなります。IR 部門が作成した株主向けのプレスリリースを基に，想定質問とその回答を記載した FAQ を作成し統一したコミュニケーション内容になるように留意します。

> ## 異なる利害関係者に対し，適切なコミュニケーションが必要です！

得意先	✓ 顧客との関係維持 ✓ 品質・サービスの変更なし
取引先	✓ 取引関係の維持 ✓ COC条項の対応
従業員	✓ 処遇，役割の維持 ✓ 個別面談など丁寧な説明
株　主	✓ 適時開示，プレスリリース ✓ 反対株主対応

5-3 買い手とのセンシティブ情報の交換はどうするの？

 クリーンチームを設置します！

　最終契約が締結され，対象企業・事業の分離・売却手続きが実行されます。実行にあたっては，これまで自社だけで構成されていたプロジェクトに，買い手側のプロジェクトも参画して推進することになります。

　しかしながら，Day1までは別会社であり，買い手によっては，競争法の観点から，反競争に資するようなセンシティブなデータ・情報交換については制限が課されます。

　そのため，法律に準拠したデータ・情報のやり取りを行う必要があり，センシティブデータ・情報を扱うクリーンチームの設置と外部弁護士を含めた情報の受け渡しのプロセスを構築します。デューディリジェンスの段階からクリーンチームを設置することもあります。

　データ・情報の種類ですが，既に開示・公表されている情報や外部でも調達可能な情報は交換しても問題となりません。ただし，以下の情報はセンシティブ情報となり，注意が必要です。

> ⊙事業戦略に係る情報・計画
> ⊙顧客に関する情報，契約条件などの情報
> ⊙現在交渉中の契約や交渉過程に関する情報
> ⊙製品価格・マージン，顧客別データ
> ⊙従業員の個人に関するデータ

　したがって，クリーンチームの運用プロセスには，法律違反を回避し常に法律に準拠した状態で情報交換をするために，売り手・買い手の双方の外部弁護士のレビュー・助言が不可欠です。また，売り手・買い手双方のクリーンチームメンバーには，営業や生産には関与しないコーポレート部門，および外部アドバイザーが入ります。

クリーンチームの主たる業務は，以下があります。

- ⊙センシティブ情報を含む情報交換のプロセスを運用し，法律準拠の状態を継続すること
- ⊙外部弁護士のレビュー・助言を受け，情報依頼の分析，適切な情報提供を行うこと
- ⊙クリーンチームの運用を通じ，セキュリティや情報交換の品質レベルを改善し，リスクを低減すること

クリーンチームを設置します！

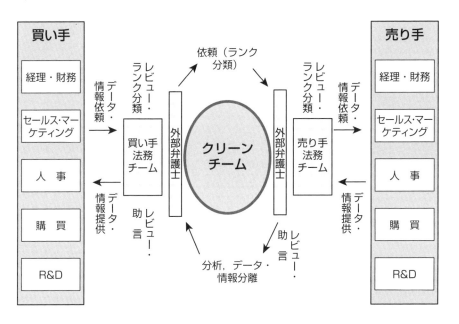

Day1でのオペレーション
モデルとは？

 **TSAを前提にDay1のオペレーティングモデル
を構築します！**

最終契約の締結からクロージングまでの期間は，競争法の審査から長引くこともありますが，早ければ2〜3か月後となることもあり，十分な時間があるとは言えません。したがって，早急にDay1のオペレーションを確定する必要があります。

1．ゴールは確実に分離すること

Day1に確実に事業が運営できることが重要であり，これを事業継続（BAU：Business As Usual）と呼んだりします。改善余地があったとしても，BAUを担保するべく，確実に対象企業・事業をグループ・親会社から分離することを優先します。したがって，オペレーティングモデルとしての成熟度は道半ばになります。

また分離にあたって，これまで売り手側プロジェクトで計画してきたオペレーティングモデルに，買い手側の意向や統合戦略を踏まえ，可能な範囲で盛り込むことも要請されてきます。そのため，以下等を行います。

> ⊙売り手による現状のオペレーティングモデルの把握
> ⊙Day1の詳細な機能別ブループリント（業務マップ・プロセス）作成
> ⊙ブループリント実行のためのタスク・課題の抽出，対応・解決・消込

実行の過程では，Day1までに間に合わない事項や，変更すると事業運営に影響の大きいと思われる課題が出てきます。代替案を迅速に検討・選択し，Day1のオペレーティングモデルを更新します。

2．TSA最終化に向けた情報提供

Day1オペレーティングモデルはTSAを前提とするモデルのため，TSA最終化に向けた情報提供は重要です。

　TSA は最終契約と同時に締結されますが，開示されている情報が必ずしも十分ではないため，「売り手による現状のオペレーティングモデルの把握」の結果，TSA で定義されている業務やサービスの範囲を追加したり，逆に減らしたりすることがあります。最終契約時にまだタームシートの場合は，Day1 までに TSA を締結する必要があります。

　重要なことは，BAU を担保するべく業務に抜け漏れが生じないことで，ポイントとして，「接点・前後工程」が挙げられます。例えば，業務と担当の従業員は移管されるので問題はないが，業務で参照していた情報が移管対象外であったり，後工程の求めに応じて業務を行うこともあるが，その際に使用していたツールが含まれていなかったり，という抜け漏れは発生しがちです。

　機能単位に業務プロセスとシステムをマッピングし「詳細業務マップ」を作成することで，どの部分が移管・継続され，どの部分は TSA にて業務サービス提供を受け，TSA で担保されず Day1 までに新規に用立てる必要なプロセ

TSA を前提に Day1 オペレーティングモデルを構築します！

| 構想・計画 | 実　行 | 分離・売却後 |

オペレーティングモデル成熟度

ハイレベル・オペレーティングモデル

Day1 オペレーティングモデル（TSA含む）

最終オペレーティングモデル（TSA終了）

ス・システムはどこかを確定させます。可視化することで，TSA として業務提供のために売り手として人員を分けたり，一時的な増員が必要になったりなど

詳細マップにてDay１オペレーティングモデルを検証します

現状のオペレーティングモデル

機　能	バックオフィス					ミドル・フロント			
	経営企画	人　事	経理・財務	法　務	I T	R&D	マーケティング	サプライチェーン	営　業
主要プロセス	経営企画	給与計算	債権管理	契　約	アプリケーション	材料開発	マーケティング戦略	生産計画	営業戦略
	M&A	人事評価	債務管理	無形資産	インフラ	製品開発	チャネル管理	調　達	顧客管理
	業績管理	採　用	財務報告		ベンダー管理	データ解析	商品開発	物　流	受注管理
		配　置	資金管理			規制対応	ブランド管理	トレーサビリティ	営業事務
			税　務				価格管理	品質管理	
			内部統制						
システム		人事情報・給与計算システム	会　計システム				PLM	CRM	SCM	CRM
		勤怠管理	連　結システム						MRP	

の工数上の課題も明確になり，TSA のスコープ，コスト，提供体制を含めた最終化に必要な情報となります。

Day1時点のオペレーティングモデル

機能	バックオフィス					ミドル・フロント			
	経営企画	人事	経理・財務	法務	ＩＴ	R&D	マーケティング	サプライチェーン	営業
主要プロセス	経営企画	給与計算	債権管理	契約	アプリケーション	材料開発	マーケティング戦略	生産計画	営業戦略
	M&A	人事評価	債務管理	無形資産	インフラ	製品開発	チャネル管理	調達	顧客管理
	業績管理	採用	財務報告	ベンダー管理	データ解析	商品開発	物流	受注管理	
		配置	資金管理		規制対応	ブランド管理	トレーサビリティ	営業事務	
			税務			価格管理	品質管理		
			内部統制						
システム		人事情報・給与計算システム	制度会計システム			PLM	CRM	SCM	CRM
		勤怠管理	管理会計システム					MRP	

スタンドアロン	業務委託（TSA）	部分的に業務委託（TSA）	未定

人事・労務面についてはクロージングまでに最
優先で対応すべき事項

　最終契約を締結した後に分離・売却の事実が社内外に開示され，対象企業・
事業の従業員も知るところとなります。分離・売却され新会社となった後の処
遇や就労環境については，不安や心配が生じるのが一般的です。クロージング
までに最優先で対応し，事業運営に支障のないようにします。

１．移管対象の組織・従業員

　移管対象となる組織・従業員について，株式譲渡や事業分割，事業譲渡など
スキームに応じて適切なコミュニケーションを行います。また，対象組織には
親会社やグループ会社からの出向者が在籍していることが普通であり，出向元
に戻る，出向者として派遣を継続，事業運営のキーマンは新会社成立に伴い転
籍など，出向者の方針について，開示後速やかに丁寧な説明と同意獲得が求め
られます。

２．給与水準

　不利益変更をしないとの方針で，当面は年収水準を維持する場合が多く見ら
れます。最終契約によって数年間の年収維持を補償するディールもあります。
賞与についても，対象期間や評価項目など制度は当面継続されますが，評価制
度の見直しによって，年収に占める賞与比率や評価指標の変更は想定されるた
め，永続的に継続と思われない期待値管理は重要です。

３．年金・退職金制度

　年金制度，退職金制度についても，給与水準と同様に，従業員の関心の極め
て高い制度です。対象企業が独自の制度であれば継続になりますが，親会社の
制度から脱退し，新たな制度の設計，新規加入とした場合，それらへの対応が
必要です。構想・計画段階から検討を着実に進め，最終契約後に買い手の意向

確認の上，最終決定し，従業員に適切にコミュニケーションします。特に，移管対象従業員については，年金の清算や新規加入など，退職金制度も勤務年数継続可否などの適切な通知と同意が求められます。

４．健康保険，福利厚生

健康保険についても継続，あるいは親会社制度から脱退し新規加入などの選択肢があります。福利厚生については，継続可能なものと不可のものとを識別し従業員へ通知し，代替できるものなどは Day1 後に検討し充実させることも可能です。

５．就業規則，勤務場所

就業規則については，Day1 では事業継続（BAU）の観点から大きな変更はしないことが一般的です。勤務場所も同じオフィス，事業所で新会社はスタートしますが，売り手のセキュリティ上の理由や買い手の意向から移転を予定している場合は通知内容に含めます。

人事・労務の実務対応はクロージングまでの最優先事項！

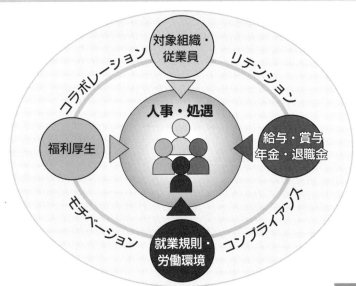

上記の「移管対象の組織・従業員」「給与水準」「年金・退職金制度」「健康保険，福利厚生」「就業規則，勤務場所」の項目は，最大の関心事であり，事前・事後のコミュニケーションや対応を間違えば，以下のリスクを顕在化させます。

＜リテンション＞

　　営業，生産などオペレーションのキーとなる従業員，例えば重要顧客を担当するベテラン営業マン，現場経験の豊富なエンジニアなどが離職したり，部門長など管理職に対するコミュニケーションが不十分で組織運営上の要となるリーダーが退職したりするリスクが高まります。

＜コラボレーション＞

　　買い手・買い手グループ企業との統合に向けてのプロジェクトに対し，積極性が欠けたり，参画度合が低くなったりすることがあります。さらには，シナジー施策の実行に対しても拒否反応から実現遅延のリスクが高まります。

＜コンプライアンス＞

　　今後のスケジュールや方針などの正確で十分な情報量が伝達されない場合，最悪の場合，社内ルールを逸脱したり，法令違反を犯したりするリスクが高まります。

＜モチベーション＞

　　違反ではないものの，急に有給休暇の取得が多発したり，統合後のリストラ懸念から業務効率が低下したりするリスクがあります。

人事・労務の対応を間違えると Day1 後にリスクが顕在化も

**ITに係る全ての領域について実務的に対応
します！**

　ITは組織運営，業務の根幹を支えるものであり，ITの分離・移管の成否が事業継続（BAU）を左右すると言っても過言ではありません。ITに係る領域は多岐にわたるため，その全領域に対し実務的な対応が不可欠です。

1．ITインフラ・資産（図表①）

　ネットワーク，データセンターなどのロジカル，物理的な面からの分離を，セキュリティ，ITコンプライアンスの観点も含めて確実に行うことが求められます。ITインフラについては，次の項でさらに詳しく取り上げます。

2．アプリケーション・データ（図表②，③）

　対象企業・事業が独自に利用している業務システム，他事業やグループ他社と共有しているものがあり，また自社開発のもの，ERPなど汎用パッケージソフトなど，アプリケーションも多様です。ロジカル，物理的な分離・移管を運用委託している外部業者に委託し行います。業務システムとともにマスター，トランザクションデータの移管・移行も分離作業で負荷やコストが掛かる懸念のある作業です。十分な事前検討の上，必要期間を逆算し作業を開始する必要があります。

3．ITトランザクションコスト（図表④）

　上記のように，ハードウェア・ソフトウェア両面のロジカル・物理的分離・移管作業には外部業者への委託も含め，コストが発生します。これらの一時的コストだけでなく，Day1後に利用するネットワークの回線料やIT契約の変更によるライセンス料の上昇などは継続発生コストも変化します。事業継続（BAU）最優先ですが，いたずらにコストを増大・上昇させないように計画段階の検討・分析と適切な実行が求められます。

4．TSA（図表⑤）

　ITに係るTSAは，TSAとして一時利用を許可する業務システム（アプリケーション）とITインフラとその運用をサポートする業務提供の2つになります。対象となる業務システム・ITインフラ，提供業務の明細とサービスレベル，提供期間，提供にあたっての前提条件，問題が生じたときの対応，請求費用などを定義し，業務委託契約書として最終化します。

5．IT契約・ライセンス（図表⑥）

　IT資産やアプリケーションの利用は，外部SI業者やパッケージ業者との契約，ライセンスにより提供を受けています。契約上の移転，継続利用が可能な法的な対応事項を抽出し，Day1までに確実に実行します。前述の通りIT契約は本社法務部門ではなくIT部門が直接管理している場合もあり，IT部門は分離・移管作業とともに，契約書対応を行う必要があります。

6．IT組織・プロセス（図表⑦，⑧）

　対象企業・事業はIT機能を親会社やグループ企業に委託していることも多く，TSAとして一時的にBAU対応できたとしても，TSA解消後を見据え，新会社としてIT組織・プロセスの確立，IT要員採用・配置が求められます。

ITに係る全ての領域について実務的に対応します！

5-7 ITの分離・移管は どう進めるの？②

ITについては，業務システムに目が向きがちですが，ネットワークやサーバーなどのインフラの分離作業は外部業者に依頼することも多く，契約までのリードタイム，作業期間も考慮して委託する必要があり，事業継続（BAU）の観点から要注意な領域です。

1．データセンター・クラウド環境

対象企業・事業の業務システムがどのような環境下で運営されているかで，分離・移管作業の難易度は変わります。例えば，同じデータセンターの環境下で別会社の業務システムは運営できない契約になっている場合は，物理的にサーバーを別の場所に設置する，あるいはクラウド環境を提供している業者と契約を締結し移管するなどの対応が必要です。

2．ネットワーク

これまで使用してきたオフィス・建物をそのまま継続使用するとしても，新たに回線を契約し，社内LANなどの構築を進めます。回線の契約やネットワーク機器の購入・設置など一定の期間を要するので，Day1を見据えてリードタイムを見誤らないようにします。

3．サーバー・ストレージ

新たにサーバーやストレージを購入して設置，業務システム・データを移管する場合は，発注・購入・設置・移管・テストなどの一連のリードタイムを見越し，ネットワークとともに早め早めの対応が求められます。

4．パソコン

パソコンは全ての従業員に貸与され業務に不可欠なものです。パソコンはグループで一括購入やリースをしており，分離・売却にあたってパソコン本体は

移管されても、ソフトウェアの契約までは移管されず、再度購入してインストールするなどの対応が必要な場合もあります。

5．携帯端末，ウェアラブル，IoT デバイス

営業部門で使用する携帯電話やタブレットなど顧客向けの業務に紐づいているものがあります。IoT デバイスについては標準規格ではない端末は移管手続きに注意を要します。

ハードウェア本体や内部ソフトウェア・ツールの契約，運用業務，移管に伴う必要コストなども実務的に漏れなく詰め，Day1 までに必要手続きを完了させます。

ITインフラだけでも対応すべき領域は広い！

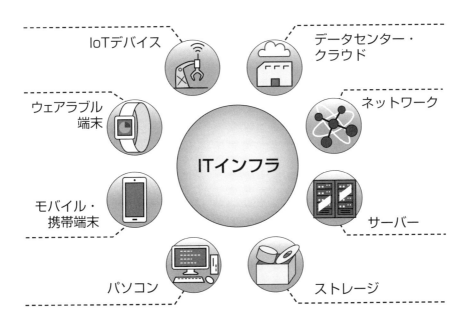

対象業務やレベル・期間・費用を最終化

　最終契約の交渉，締結までの過程でDay1オペレーティングモデルを決め，TSA (Transition Service Agreement) として業務提供を受けるスコープについては，合意あるいはタームシートとして概ね合意している段階になります。

　売り手としてDD (デューディリジェンス) 段階で提供した情報だけでは，買い手にとって業務上不十分な場合もあり，Day1以後も業務がきちんと回るために，以下の実務的な対応が必要です。

1．対象業務・システムの最終化

　給与計算業務やITインフラの提供などのスコープとして特定している対象業務・システムの最終化を行います。最終契約で開示をされるため，実務担当者の参画を得て，具体的にどの業務をTSAとして提供するのか，しない業務は何か，提供にあたって両社間で必要な手続きは何か，業務提供するアウトプットは何か，対象業務フローと分担はどうなるのかなど，細かく確認します。

　システムについても，基幹システムなど主要な業務システム以外に，マーケティングツールやセキュリティアプリケーションなど，TSAとして提供するもの，提供するにあたり必要な契約面の手続きなど，確認します。

2．サービスレベル・期間の詳細化

　対象業務・システムの最終化に続き，サービスレベル・期間を詳細に定義します。対象が業務の場合は，提供されるアウトプットの明細，頻度，提供期間などが主たる項目になります。例えば，給与計算の場合は，「対象従業員○○名の給与計算結果をエクセルにて△△営業日までに提供，提供期間はDay1後6か月。ただし，対象従業員の前月の勤怠情報は□□営業日までに提供が前提…」などを確定します。

3．TSA コスト・プライスの最終化

　TSA は一時的な業務委託ですので，売り手として受託料を徴収します。TSA は対象企業・事業分離のための売買交渉を経た最終契約を構成するものなので，TSA 単体で利益を上げるような契約ではありませんが，最低限コストを回収することは必要です。TSA コスト・プライスについては次項で解説します。

4．TSA 提供・トラッキング

　最後に提供開始後のトラッキングプロセスについて検討・用意します。具体的には，買い手として業務提供を受けた後の検収プロセス，売り手側は業務提供実績の明細と請求タイミング，受託料の回収プロセスなどになります。

TSA 手続きを実行・完了させます！

	TSA手続きプロセス
1	Day1時オペレーティングモデルの決定
2	TSAスコープ検討
3	対象業務・システムの最終化
4	サービスレベル・期間（SLA）の確定
5	TSAコスト・価格の確定
6	TSA提供・トラッキングの実施

IT　経理・財務　物流　人事　TSA対象範囲　SCM　購買

種別・要素別に積み上げて，コスト・プライスを
算定します！

TSA は一時的な業務委託ですので，受託料を徴収しコストを回収する必要が
あります。TSA の業務提供に係るコストには，「人件費」「経費・外注費」「一時
コスト」と発生由来の種別に分類し，固定部分，変動部分，外注費などの実費の
要素別に積み上げます。

1. TSA コストの算定

1）人件費

TSA 業務提供に係る人員数と従事する割合（100%，70%，50%など）を
基に，TSA を担当する従業員の平均月次給与額を乗じて算定します。専門性の
高い業務は対象者の実給与をベースにする場合もあります。一般には固定コス
トですが，緊急対応や想定していないタイミングでの業務提供を想定し，その
場合の追加コストを変動コストとして検討します。

2）経費・外注費

TSA 業務の提供にあたって，人が関与しない部分で発生する経費もありま
す。サーバーなどのデータセンターのスペース，ライセンス・サブスクリプシ
ョンなどの費用，外部に委託している業務の外注費などが該当します。対象と
なる経費を，自社および新会社に一定の基準（使用スペース比，使用頻度比，使
用人数比など）に基づき配賦します。この費用も固定費用と変動費用について
定義し，外注費は実費をコストとして算定します。

3）一時コスト

TSA 業務を提供開始するにあたり，業務システム・データ，サーバーを分
離・移管したり，ファイアウォールを設置したりする必要があり，一時コスト
が発生します。同様に TSA 業務終了時にも撤去するにあたりコストが発生し

ます。これらの一時コストについても負担先を明確にしておきます。実費を買い手に請求する，あるいは見積り額を TSA 期間中に分割で請求するなど，Day1 までに決定します。

２．TSA 価格の算定

　TSA コストを基に，TSA 業務に係る間接費や管理費をマークアップ（一定の利幅）として加算します。ただし，外注費や一時コストなどの実費には通常加算しません。また，提供期間が 1 年を超える長期間となる業務・サービスについては，TSA 担当者のベースアップや外部業者のコストの年次更新，経済環境のインフレなどを勘案し，12 か月ごとに料率加算することに合意します。また，TSA はあくまでも一時的な業務委託であり，いたずらに継続されないような措置を講じる必要があります。一般には，当初決めた期間を延長する場合は，マークアップ率が大幅に上昇（エスカレーション）することを決めておくなど，対策を講じておくことが望ましいといえます。

種別・要素別に積み上げて，コスト・プライスを算定します！

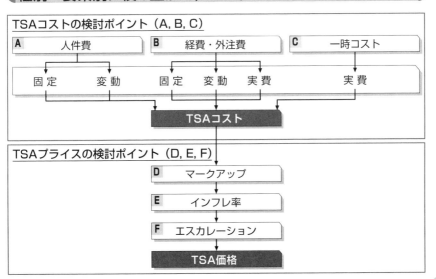

5-10 新会社の設立など法務・税務面の課題にはどう対応するの？

事業継続に滞りのないように，新会社の設立に協力します！

　いよいよ新会社設立の段階に入ります。対象事業の分離は，事業を分離し新会社を設立するスキーム，対象事業を買い手の会社に移管するスキームなどに大別されますが，必要な法的手続き，税務の実務対応を買い手と協力して Day1 までに完了させます。

1. 新会社設立への協力

　対象企業のグループからの分離・買い手への売却の場合は，親会社の変更，取締役の交代，社名変更などに伴う変更登記となりますが，事業の分離・売却の場合は新会社を設立します。会社分割のスキームでは，事業に関わる資産・負債・契約などは基本的に全て新会社に引き継がれ，買い手は新会社の株式を取得することになりますが，事業継続には実務的に，移管された固定資産や新会社の資本に係る税務当局への登記手続き，許認可・資格の変更手続き，継承できないものについては新たな届け出を行います。

　対象企業・事業が海外の複数国に展開している場合は，その国ごとに法務・税務両面の登録手続きが求められます。定款の届け出，海外資本新会社の承認申請，有資格者の取締役の登録，税務当局へのタックス番号，現地銀行口座の開設など，各国の会社法・関係法規に沿った新会社設置手続きを行います。実施にあたっては弁護士などの法務アドバイザーの助言および一部代行の支援を受けます。

2. 買い手の会社への事業移管

　買い手，あるいは買い手のグループ会社へ事業を移管する場合は，事業譲渡などのスキームが選択されます。事業継続のために対象資産・負債，契約，許認可・資格などを登記，届け出，変更登録するなど手続きは同じですが，移管対象のものだけ抜き出し手続きを行うことができるため，全て個別に継承の有

無を当局や契約相手などと確認する必要があり，作業は煩雑で時間を要します。また，事業譲渡では譲渡対象資産は時価（公正価値）取引されるため，固定資産や在庫簿価の変更，償却計算の変更など，会計・税務の対応が必要になり，完了までのリードタイムを見越した実行が求められます。

事業継続に滞りないように，新会社の設立に協力します！

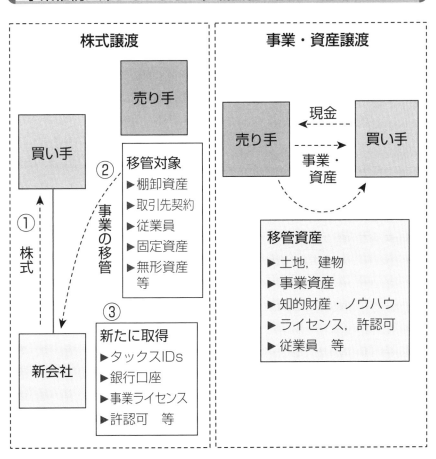

5-11 会計面の課題にどう対応するの？

会計面の課題への対応はクロージング，新会社運営の両面から重要です！

　新会社設立の準備を進めながら，買い手とともに Day1 以降の会社運営を見据え，またクロージングに向けて会計上の課題に対応する必要があります。会計上の実務的課題は主として以下が挙げられます。

1．クロージング DD 準備

　クロージング DD とは，クロージング日の財務諸表に基づいて行うデューディリジェンスのことです。クロージング日における財務状況を最終確認するとともに，最終契約において価格調整が定められている場合は，最終契約で定められた禁止条項の有無等を確認するためのものです。クロージング DD に向けて行われる

　　1）棚卸資産の実地棚卸作業，時価評価，実棚差額調整，データ移管
　　2）固定資産の移管，時価評価，データ移管

などは，データ移管や現地での実作業を伴うため，調整や時間を要します。事前に段取りを確認し準備が必要になります。

2．新会社の会計業務準備をサポート

　Day1 から直ちに会計業務は発生します。TSA にて経理業務のサービス提供をする場合は TSA 期間の猶予が買い手にありますが，その場合でも TSA 業務の受け手である経理業務要員を買い手に配員するように促します。スタンドアロンとして（TSA なしで）買い手が経理業務を行う場合は，売り手として経理業務（会計システムの運用，データ等も含む）の引継ぎをサポートします。

　　1）経理，財務理業務要員の配員
　　2）経理業務，財務業務の引継ぎ支援

3．監査対応

　クロージング DD を実施し，最終契約上の禁止事項等がない旨を確認し，価格調整を完了させます。新会社に対しても新会社側が監査対応できるように TSA の範囲内で対応します。このことは TSA の終了期間を守り，予期しないコストの発生を抑えます。また，売り手側としてもクロージングアカウントなど必要な会計処理手続きを行い，会計監査に対応できるよう必要な証書を残します。

クロージング，新会社運営の両面から重要です！

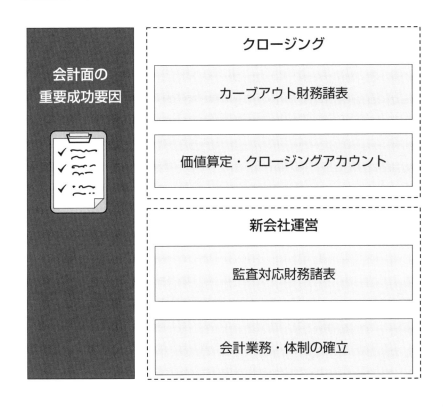

会計面の
重要成功要因

クロージング

カーブアウト財務諸表

価値算定・クロージングアカウント

新会社運営

監査対応財務諸表

会計業務・体制の確立

12 # Day1を無事迎えるため には？①

 最終確認として，Day1レディネスチェックを 行います！

　最終契約で合意したクロージング日が徐々に迫ってきます。新会社にとって の Day1 になります。Day1とは，新しい法的組織として，これまでとは異な る事業のオペレーションを行う初日であり，法的に事業が買い手に移管される 日になります。そのため，確実に事業継続できるかの事前の最終確認が不可欠 です。Day1レディネスチェックとは準備ができているかを確認し，Go／ No Go 判定を行うプロセスです。

1．Day1 セパレーション計画

　まず分離・売却の実行計画を基に，Day1までに完了が必要なタスクにフォー カスし，最終契約後の検討で更新された情報を反映して，Day1 セパレーシ ョン計画を作成します。具体的には，Day1までに完了すべきタスク，完了状 態を確認するチェックリスト，確認結果を報告するステータスレポートが含ま れ，Day1レディネスチェックのベースになります。Day1 対応課題とは，会 社設立や取締役会などの法的コンプライアンス，システムやデータなどの情報 セキュリティ，オフィス・拠点へのアクセスなど物理的なセキュリティ上のコ ンプライアンス，運転資本など資金面などになります。Day1 セパレーション 計画には，Day1 時までに完了すべきタスク，完了状態を確認するチェックリス ト，確認結果を報告するステータスレポートが含まれます。

2．Day1 タスクフォース

　Day1 セパレーション計画をとりまとめ，Day1 準備を抜け漏れなく確実に 行うために，Day1 課題に特化した専門チームを設置します。プロジェクトを 全体管理する PMO が担当することもありますが，迅速に横断的な対応が求め られるため，規模の大きい案件やクロスボーダー案件では特化したチームの設 置が望ましいです。

3．Day1 レディネスアセスメント

　Day1 セパレーション計画に基づき，Day1 タスクフォースが Day1 課題の対応状況につき各チームから情報収集し，チェックリストを用いて完了状況を評価します。評価結果は，ステータスレポートに診断結果として取りまとめます。

4．Day1 レディネス確認・判定

　Day1 レディネスアセスメントの診断結果は Day1 レディネスワークショップで確認します。通常，Day1 の 2 週間前に開催します。Day1 レディネスワークショップについては，次項で説明します。

最終確認として，Day1 レディネスチェックを行います！

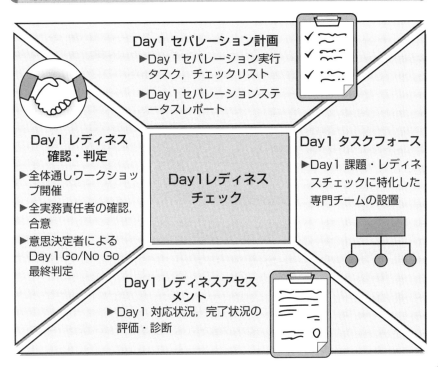

　前項でお話ししたように Day1 レディネスアセスメントの診断結果を確認し，Day1 に備え準備が整っているか，Go／No Go を判定する場が Day1 レディネスワークショップになります。

1．参加者

　Day1 レディネスワークショップには，売り手，買い手の双方から参加します。売り手からは，分離・売却をこれまで進めてきているプロジェクトリーダーおよび分科会のリーダー，クロスボーダー案件の場合は，リージョンリーダー（地域責任者），買い手からも取得後の経営統合プロジェクトリーダー，および新会社のマネジメント，事務局として Day1 タスクフォースが進行を司ります。メンバーが多い場合は，売り手のプロジェクト意思決定責任者（いわゆるステアリングコミッティメンバー）を中心に，決議権限者を定義します。

2．アジェンダ

　ワークショップのアジェンダは，以下が一般的です。Day1 レディネスチェックの診断結果を討議し，最終判定する全体会合の前に，機能単位や地域単位のブレークアウトセッションを開催し，未解決課題やクリティカルな課題の最終チェックを入念にする場合もあります。

> 1）Day1 レディネスチェックの診断結果（Day1 タスクフォースチーム）
>   ◉チェックリストの完了度合い（対計画比）
>   ◉未解決課題，クリティカル課題
>   ◉応急策の提案
>
> 2）ブレークアウトセッションの討議結果（分科会リーダー，リージョンリーダー）

3）Go／No Go 判定

3．最終判定・評価

　Day1 までに完了すべきタスクや課題が全て完了の状態であれば Go の判定をし，参加者間で合意します。未解決課題，特にクリティカル課題が完了していない場合は，Day1 までに解決の見込みはあるのか，状況を確認し応急策でDay1 を乗り切れるのか否かを踏まえ判定します。言わずもがなですが，90%以上などの完了度合いで判定してはならず，99%の完了度であってもクリティカルな課題（当局認可などの法規制領域などが想定）が未了の場合は決議の結果，延期という判断もあります。

Day1 レディネスワークショップを開催します！

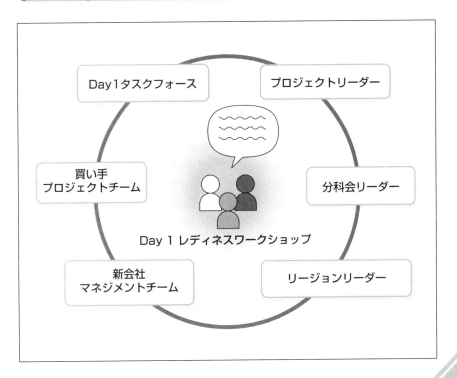

Day 1 レディネスワークショップ

コーヒーブレーク　2

～対象会社・事業の分離・売却のノックアウトファクターとは？～

　対象会社・事業の分離・売却を進めるための戦略を策定し，調査を実施する中で，現在の前提ではこれ以上案件を進めることができなくなるような要因をノックアウトファクターと言います。ノックアウトファクターが見つかった場合には，案件の前提を見直した上で分離・売却の戦略を再度策定し直しますが，それでも消えない場合には，案件の中断を余儀なくされます。

　ここでは，ノックアウトファクターとなり得る事例をいくつか紹介したいと思います。まず，ノックアウトファクターとして挙げられるのが独禁法や外為法などの法規制によって対象会社・事業の分離・売却が阻まれてしまうケースです。これらの法規制により認められるか否かについては，実際に当局に申請を行い承認が得られるまでは確定的に分からないため，承認が得られないというリスクを最小限に抑えるべく，買い手候補の事業の特性や株主構成などを事前に詳細に調査することが重要になります。

　また，法規制以外のノックアウトファクターとして，セパレーションにかかるコストが想定以上に膨らむことで，分離・売却のメリットを享受できない場合があります。分離・売却の戦略策定の中で，セパレーションコストを洗い出す作業を行いますが，例えば，対象会社・事業を分離・売却するのに合わせて，その事業で使用している工場の敷地も売却の対象としていたが，土壌汚染が確認され，土壌汚染対策費用に想定外のコストが発生したため，案件自体を中断せざるを得なくなった事例などがあります。

　ノックアウトファクターは早期に発見し，案件の中断を含む対応策を講じることで，案件にかかるサンクコスト（分離・売却の計画・実行に関し投入した労力や資金のうち，途中で計画・実行を中止して戻って来ない労力や資金）を極力最小化できます。分離・売却の戦略策定の中で，いかに網羅性を担保してリスクを洗い出せるかが非常に重要です。

第6章

企業・事業の分離・売却後のフォロー

6-1 完全移行に向けて（TSA終了まで）の対応とは？

 サービスレベルは守りつつ，いたずらに延長しない！

買い手との最終契約が無事クロージングし，新会社は Day1 を迎えます。しかしながら，事業継続（BAU）を優先したため，最終形のオペレーティングモデルには至っていません。通常 TSA は６か月から長くて１年，短いものは３か月で終了する業務・サービスもあります。Day1 から直ちに TSA 解消後の体制への移行の準備を開始します。

1．プロジェクトの解散とフォローアップ

これまで分離・売却プロセスをリードしてきたプロジェクトは解散し，買い手側の統合プロジェクトとして引き継がれます。売り手側として，Day1 直後の１か月は実務上の細々した残課題対応や買い手からの問い合わせなどが続くことが多く，一部のプロジェクトメンバー・実務者は完全に本件から離れず，担当として対応にあたります。

2．TSA 対応

1）TSA サービスの提供とトラッキング，終了への準備

新会社への TSA 業務の提供は，売り手にとって負荷のかかる業務になりますので，TSA で定義したサービスレベルは守りつつ，範囲を超えたサービスや品質を向上させる必要はありません。したがって，TSA 業務・サービスの提供実績を記録し，コスト増加や提供期間の延長につながるような課題や潜在的なリスクをモニターします。

TSA 業務開始後，より効率的な提供方法や頻度を減らしても同品質などの場合は，新会社との合意の上，変更管理を行います。重要なことは，TSA をいたずらに延長することなく，売り手・新会社双方で TSA 終了に向けた活動・作業を行うことです。例えば，新会社は必要人員を採用し，売り手は業務引継ぎな

どを進めます。

2）TSA 期間中の一時コストの管理

しかしながら，予期せぬ一時コストの発生や提供期間の延長を余儀なくされることもあります。改修を進めていた IT システムの遅れや TSA 期間中に再取得を目指していた認可の遅延など，コスト増加や提供期間の延長の要因と迅速な対策を新会社側に求め，発生するコストの管理と負担を明確にします。

どうしても TSA で定めた期間を延長せざるを得ない業務・サービスが発生した場合は，プライシングなども含め，サービスレベルを再定義して長期提供契約として締結し直します。

Day1 後に発生するコストは原則，買い手・新会社のコストになりますが，状況変化や捉え方によって双方間で論争にならないように，TSA 提供・トラッキングとして，課題解決プロセスも予め決めておくとよいでしょう。

Day1 以後，迅速に TSA 終了に向けた活動を開始します！

TSA業務・サービスの提供とサービス内容の維持

TSA業務・サービスの提供，トラッキング，コスト管理

TSA終了に向けたタスクの実行（引継ぎ，サポート）

TSA終了に向けた対応の実行（要員採用，投資）

完全移行に向けて

TSA課題解決プロセス

長期業務提供契約（Long-term Agreement: LTA）

分離・売却戦略の実行に続き，事業再編・構造
改革の継続と成長戦略へのシフト

　分離・売却戦略とその実行は，事業ポートフォリオの見直し，構造改革の手段
です。ノンコア事業である対象企業・事業を買い手に売却し新会社となったク
ロージング以降は，その事業を支えていた本社部門などの管理・間接部門も見
直しが必要になります。本社費は利益の出ている事業に相対的に多く賦課され
るため，そのような事業の売却は負担事業の減少およびコスト負担力の低減に
なります。

1．バックオフィス・ミドル機能の再設計

　残存事業規模・事業特性に応じた本社部門を再設計し，不要な業務の終了や
アウトソーシングなど業務の再定義を行います。コア事業の負担力や同業専業
をベンチマークに間接費用のターゲットを設定し必要業務を再定義，あるべき
本社機能を再設計します。土地・建物などの固定資産についてもアセットライ
ト化を企図します。また，バックオフィスだけでなく，研究開発やサプライチェ
ーンなどのミドル機能についても同業専業のベストプラクティスと比較し，不
足や劣後する機能は積極的に投資・補完する計画を立案します。

2．最適人員体制

　バックオフィス・ミドル機能の再設計を経て，最適人員体制を立案します。
人員数の最適化に伴う社内外の異動，希望退職の募集など，必ずしも容易では
ない施策についても検討し，実行に移します。分離・売却戦略実行後に注力す
るコア事業に適したバックオフィス・ミドル機能，並びに最適人員体制への迅
速な移行が構造改革の成否を握ります。

　実行には，労組・従業員とのコミュニケーション，希望退職の実施に伴う構
造改革損失・必要資金手当てなどが必要であり，周到な計画と準備が必要とな
ります。

3．成長戦略へのシフト

　ノンコア事業の分離・売却，コア事業の最適化だけでは，従業員を含め外見的には縮小均衡路線に映ることから，成長領域を見極め，売却資金の成長事業への投資をわかる形で強力に推進・発信することが必要です。成長投資には外部への出資や買収・戦略的提携などの方法があり，自社の経営資源を熟知している内部チームに加え，外部資本や外部アドバイザーを活用し，戦略的に実行する必要があります。

事業再編・構造改革の継続と成長戦略へのシフト

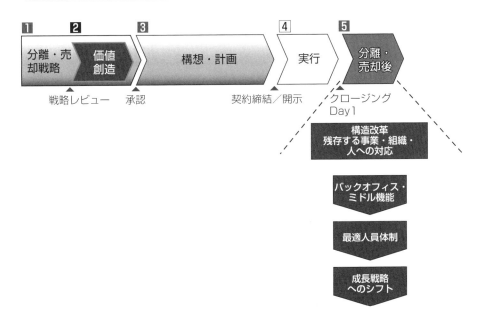

第 7 章

最後に検証します！

プロジェクトのクローズにあたり，
総合レビューを行います！

TSA の業務提供の終了後は，契約上においても，対象企業・事業に対する分離・売却戦略に関する手続きは完了となります。見直しや売却によって得た資金の再投資先などの構造改革は今後も継続されますが，分離・売却におけるプロジェクトはクローズし，開始時からの総合レビューを行います。レビューの取りまとめは初期の Exit 戦略検討段階から関与した PMO メンバーが行うのが望ましいです。

1．株主視点でのレビュー

当初策定の分離・売却の戦略について，①事業ポートフォリオの視点として適切であったか，コア事業・成長領域へのシフト，構造改革の進展など，社外評価も確認します。また，②ノンコア事業として分離・売却した対象企業・事業の売却価値は適切であったか，当初算定した想定価値との差異，その理由（その後の事業環境，買い手，対象企業・事業の経営等）などもレビューし文書化します。

2．事業部門の視点でのレビュー

売り手として，対象企業・事業の分離の状況，クロージング後，完全分離後の状況について，事業への影響，業務面の課題を検証します。事業については，例えば，当初想定した契約や許認可・資格面の課題認識やリスクの影響度について，実際はどうであったか，想定外の状況が発生したかを確認し記録します。業務については，TSA にて業務・サービス提供した範囲も含め，コスト面，人事面，IT・オペレーション面からレビューします。事業視点でのレビューはプロジェクトの分科会単位で行い，リーダーにレビュー結果の最終確認を得ます。

3．プロジェクト視点でのレビュー

　最後に，プロジェクトとしての進め方について，レビューを行います。分離・売却が事業ポートフォリオや構造改革の手段である以上，今後の実行の可能性は高く，ナレッジとして取りまとめることは重要です。

　具体的には，課題解決，リスク対応，コミュニケーションなどの①プロジェクトプロセスは適切であったか，承認・意思決定は，過程の遡及ができ，透明性のあるものであったか，などの②プロジェクトガバナンスについて，検証します。

　検証にあたっては，構想・計画段階，実行段階以降とに分けて，プロジェクトに関与したステアリングコミッティ，プロジェクトリーダー，分科会リーダー等へのヒアリングや実施時のツールやデータを基に，取りまとめます。

プロジェクトのクローズにあたり，レビューを行います！

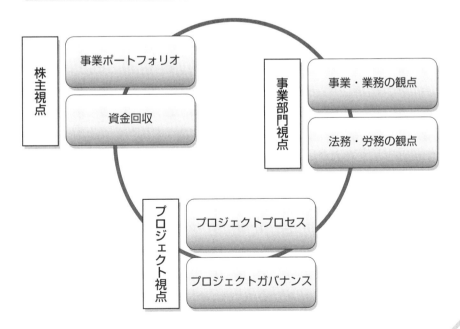

7-2 次に活かすには？

集大成としてPlaybookを作成し，次の機会に
活用します！

　プロジェクトをクローズし，総合レビューを行った結果をナレッジとして整理し次に活かします。前項で説明したように，レビューは，株主の視点，事業・業務の視点，プロジェクトの視点など，複数の視座で行われます。一方で，次に活かすためには，検証結果を，特に再現性を重視して，次回の取り組みに直接活用できる形で整理する必要があり，そのためには，Playbook としての整備・継続的更新が重要です。

1．Playbook の構成

　レビューの取りまとめは初期から関与した PMO メンバーが行うことが望ましいですが，この Playbook は継続的に更新されるものですので，恒常的組織が望ましく，M&A を管轄する本社経営企画部門がとりまとめを担当し管理します。

　Playbook の構成としては，その案件の固有事項も含まれるケースとしての整理と共通ナレッジとしての整理に分けて取りまとめるのが理想です。ケースとしては，①その分離・売却案件に関して，実行した戦略・重要施策について，②分離・戦略に係る一連のプロセス・手続きについて事実ベースで整理し，関連するレビュー結果があれば含めます。共通ナレッジとしては，③社内・社外を含めたプロジェクト体制について，④意思決定・社内承認手続きについて，レビュー結果や共通項，Lesson Learned も含め，整理します。さらに，⑤必要とした情報・リスト，使用したツール，帳票も登録します。これらのケーススタディなど共通ナレッジとしての整理をし，⑥分離・売却戦略実行の成功要因をまとめます。

2．進行中の戦略へのフィードバック

　Playbook としての整理は，プロジェクト終了後の前後 1〜2 か月が，情報

が散逸せず，記憶がまだ残っている望ましいタイミングと言えます。M&A を管轄する本社経営企画部門がとりまとめを主導し，同時に，社内共有の手続き，後続案件への情報提供，更新プロセスの確立などにも責任を持ちます。分離・売却の別の案件だけでなく，本社経営企画部門として，期間中の中期計画，成長戦略へのフィードバックにもつなげます。

集大成として Playbook を作成し，次の機会に活用します！

盛り込むべき項目

Playbook は，
"ナレッジの集大成"
として整理し
継続更新

① 分離・売却に関し実行した戦略・重要施策について整理

② 分離・戦略に係る一連のプロセス・手続きについて整理

③ 社内・社外を含めたプロジェクト体制について整理

④ 意思決定・社内承認手続きに関する整理

⑤ 必要な情報・リスト，使用したツール，帳票の登録

⑥ 分離・売却戦略実行の成功要因のまとめ

【執筆者紹介】

大胡　晋一
パートナー
銀行系，BIG4の複数コンサルティング会社にて，製造業（化学，産業財，食品，消費財）を中心に，組織戦略，業務改革の領域において，アジアおよび欧州においても数多くの経営統合（PMI）業務，事業分離・売却業務などM&Aクロスボーダープロジェクトに従事。EYのAsia-Pacific Sell & Separation （分離・売却）のメンバー。

阿部　一仁
マネージャー
不動産会社，BIG4コンサルティング会社を経て，EYストラテジー・アンド・トランザクションに参画。金融機関・メーカーを中心に，会社分割，組織再編，ガバナンス構築，国際金融規制対応など，多数のプロジェクトに従事。

河口　公祐
シニアコンサルタント
証券会社，BIG4のコンサルティング会社を経て，EYストラテジー・アンド・トランザクションに参画し，製造業（化学・電機）を中心に事業譲渡・会社分割・組織再編・カーブアウトデューデリジェンス等のプロジェクトに従事。

【編者紹介】

EYストラテジー・アンド・コンサルティング株式会社について

EYストラテジー・アンド・コンサルティング株式会社は，戦略的なトランザクション支援を提供する「ストラテジー・アンド・トランザクション」と，変化の激しいデジタル時代にビジネスの変革を推進する「コンサルティング」の二つのサービスラインを担うEYのメンバーファームです。

EYストラテジー・アンド・トランザクションについて

EYストラテジー・アンド・トランザクションは，クライアントと共に，そのエコシステムの再認識，事業ポートフォリオの再構築，より良い未来に向けた変革の実施を支援し，この複雑な時代を乗り切る舵取りを支えます。グローバルレベルのネットワークと規模を有するEYストラテジー・アンド・トランザクションは，クライアントの企業戦略，キャピタル戦略，トランザクション戦略，ターンアラウンド戦略の推進から実行までサポートし，あらゆるマーケット環境における迅速な価値創出，クロスボーダーのキャピタルフローを支え，マーケットに新たな商品とイノベーションをもたらす活動を支援します。EYストラテジー・アンド・トランザクションは，クライアントが長期的価値をはぐくみ，より良い社会を構築することに貢献します。詳しくは，ey.com/ja_jp/strategy-transactions をご覧ください。

図解　はじめての事業分離・売却

2021年9月5日　第1版第1刷発行

編　者	EYストラテジー・アンド・コンサルティング株式会社
発行者	山　　本　　　　継
発行所	㈱中　央　経　済　社
発売元	㈱中央経済グループパブリッシング

〒101-0051　東京都千代田区神田神保町1-31-2
電　話　03 (3293) 3371 (編集代表)
　　　　03 (3293) 3381 (営業代表)
https://www.chuokeizai.co.jp

製　版／㈲イー・アール・シー
印　刷／三英印刷㈱
製　本／㈲井上製本所

※頁の「欠落」や「順序違い」などがありましたらお取り替えいたしますので発売元までご送付ください。（送料小社負担）
ISBN 978-4-502-39851-3　C3034

●実務・受験に愛用されている読みやすく正確な内容のロングセラー!

定評ある税の法規・通達集 シリーズ

所得税法規集
日本税理士会連合会 編
中央経済社

❶所得税法 ❷同施行令・同施行規則・同関係告示 ❸租税特別措置法(抄) ❹同施行令・同施行規則・同関係告示(抄) ❺震災特例法・同施行令・同施行規則(抄) ❻復興財源確保法(抄) ❼復興特別所得税に関する政令・同省令 ❽災害減免法・同施行令(抄) ❾新型コロナ税特法・同施行令・同施行規則 ❿国外送金等調書提出法・同施行令・同施行規則・同関係告示

所得税取扱通達集
日本税理士会連合会 編
中央経済社

❶所得税取扱通達(基本通達/個別通達) ❷租税特別措置法関係通達 ❸国外送金等調書提出法関係通達 ❹災害減免法関係通達 ❺震災特例法関係通達 ❻新型コロナウイルス感染症関係通達 ❼索引

法人税法規集
日本税理士会連合会 編
中央経済社

❶法人税法 ❷同施行令・同施行規則・法人税申告書一覧表 ❸減価償却耐用年数省令 ❹法人税法関係告示 ❺地方法人税法・同施行令・同施行規則 ❻租税特別措置法(抄) ❼同施行令・同施行規則・同関係告示 ❽震災特例法・同施行令・同施行規則(抄) ❾復興財源確保法(抄) ❿復興特別法人税に関する政令・同省令 ⓫新型コロナ税特法・同施行令 ⓬租特透明化法・同施行令・同施行規則

法人税取扱通達集
日本税理士会連合会 編
中央経済社

❶法人税取扱通達(基本通達/個別通達) ❷租税特別措置法関係通達(法人税編) ❸連結納税基本通達 ❹租税特別措置法関係通達(連結納税編) ❺減価償却耐用年数省令 ❻機械装置の細目と個別年数 ❼耐用年数の適用等に関する取扱通達 ❽震災特例法関係通達 ❾復興特別法人税関係通達 ❿索引

相続税法規通達集
日本税理士会連合会 編
中央経済社

❶相続税法 ❷同施行令・同施行規則・同関係告示 ❸土地評価審議会令・同省令 ❹相続税法基本通達 ❺財産評価基本通達 ❻相続税法関係個別通達 ❼租税特別措置法(抄) ❽同施行令・同施行規則(抄)・同関係告示 ❾租税特別措置法(相続税法の特例)関係通達 ❿震災特例法・同施行令・同施行規則(抄)・同関係告示 ⓫震災特例法関係通達 ⓬災害減免法・同施行令(抄) ⓭国外送金等調書提出法・同施行令・同施行規則・同関係通達 ⓮民法(抄)

国税通則・徴収法規集
日本税理士会連合会 編
中央経済社

❶国税通則法 ❷同施行令・同施行規則・同関係告示 ❸同関係通達 ❹租税特別措置法・同施行令・同施行規則(抄) ❺新型コロナ税特法・令 ❻国税徴収法 ❼同施行令・同施行規則・同告示 ❽滞調法・同施行令・同施行規則 ❾税理士法・同施行令・同施行規則・同関係告示 ❿電子帳簿保存法・同施行令・同施行規則・同関係告示・同関係通達 ⓫行政手続オンライン化法・同国税関係法令に関する省令・同関係告示 ⓬行政手続法 ⓭行政不服審査法 ⓮行政事件訴訟法(抄) ⓯組織的犯罪処罰法(抄) ⓰没収保全と滞納処分との調整令 ⓱犯罪収益規則(抄) ⓲麻薬特例法

消費税法規通達集
日本税理士会連合会 編
中央経済社

❶消費税法 ❷同別表第三等に関する法令 ❸同施行令・同施行規則・同関係告示 ❹消費税法基本通達 ❺消費税申告書様式等 ❻消費税法等関係取扱通達等 ❼租税特別措置法(抄) ❽同施行令・同関係通達 ❾消費税転嫁対策法・同ガイドライン ❿震災特例法・同施行令(抄)・同関係告示 ⓫震災特例法関係通達 ⓬新型コロナ税特法・同施行令・同施行規則・同関係告示・同関係通達 ⓭税制改革法等 ⓮地方税法(抄) ⓯同施行令・同施行規則(抄) ⓰所得税・法人税政省令(抄) ⓱輸徴法令 ⓲関税法令(抄) ⓳関税定率法令

登録免許税・印紙税法規集
日本税理士会連合会 編
中央経済社

❶登録免許税法 ❷同施行令・同施行規則 ❸租税特別措置法・同施行令・同施行規則(抄) ❹震災特例法・同施行令・同施行規則(抄) ❺印紙税法 ❻同施行令・同施行規則 ❼印紙税法基本通達 ❽租税特別措置法・同施行令・同施行規則(抄) ❾印紙税額一覧表 ❿震災特例法・同施行令・同施行規則(抄) ⓫震災特例法関係通達等

中央経済社